초대받은 인간

초대받은 인간

삼형제 지음

한국의
세계관을
모색하다

이 책의 목적은 한국문화 전반을 일관하는 세계관을 모색하고 그 세계관의 특성을 밝혀보고자 하는 데 있다. 지금까지 철학과 미학 등 다양한 측면에서 한국문화에 관한 논의가 이루어졌음에도 불구하고, 한국문화에 대한 총체적이면서도 일관된 해석이 어려운 이유는 세계관이 부재(不在)하기 때문이다. 세계관의 원형은 신화에 있다. 그래서 한국의 창세신화에 내재된 창세원리를 분석해 먼저 '세계관'을 규명하고, 이어 신화 영웅의 이야기를 중심으로 신화의 서사원리가 어떠한 '문화원형'을 만들어 가는지 모색하였다. 그리

고 한국의 세계관과 문화원형이 형성되는 과정을
인류 보편의 문명사 속에서 살펴보고자, 인류가 공
유하는 보편적 신화 상징을 중심으로, 한국의 신화
와 서구의 신화를 서로 비교하는 형식으로 전체 내
용을 구성하였다.

담대한
여정을
위하여

이 책은 기존 신화의 내용을 새로운
'해석의 틀'과 '개념'들로 분석하며 논의를 전개
한다. 새로운 분석 프레임과 개념이 필요했던 이유
는 서구적 관점에서 만들어진 기존의 프레임과 개
념으로는 인류 문명의 변화 과정에서 서로 다른 형
태로 전개되는 신화의 전체적 양상을 파악하기 어
렵다고 보았기 때문이다. 또한 신화의 내용을 소개
하는 일차 자료를 인용하는 경우 외에 참고 문헌이
나 인용 표기가 없다는 것은 신화 해석을 비롯한
글의 전체 논지가 저자 개인의 주관적 관점에 따름

을 말한다. 한국의 신화에서부터 세계관을 모색하고 '문화원형'을 끌어내는 일은 모험이기도 하다. 모험이란 가보지 않은 길에 나서는 것을 의미한다. 그래서 이 책에서 모색한 '세계관'이란 집은 아직 가건물에 불과하다. 가건물이란 이 책의 전체 논지가 논리적 가설임을 말한다. 가설이란 뜻에는 새롭게 시도한다는 의미와 동시에 학술적으로 공인받은 이론이 아니라는 의미를 모두 담고 있다. 따라서 주관적 견해에 대한 오류의 책임 또한 전적으로 저자에게 있다. 문화 정체성을 규명하는 작업은 다양한 관점에서 이루어질 수 있고 또한, 그래야 한다. 그리고 이 책 또한 다양한 시도 중 하나로 읽히기 바라며, 또 다른 누군가가 담대한 마음으로 모험의 여정에 나설 수 있는 용기에 이 책이 보탬이 되었으면 하는 바람을 덧붙인다.

차례

1장.
**창세신화와
세계관 I**

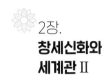

2장.
창세신화와
세계관 Ⅱ

3장.
신화와
영웅서사 Ⅰ

4장.
**신화와
영웅서사Ⅱ**

5장.
신화와 여성

6장.
신화의 세계와 시공간

7장.
신화의 비밀

1장.
창세신화와
세계관

I

왜_____

_____인류는_____

뱀의_____신성을

공유하는가_____

세계관이란 무엇인가

　세계관이란 세계를 바라보는 창이다. 인간은 세계관이란 집에 살며, 그 집에 난 창으로 바깥 세계를 바라보며 살아간다. 인간이 세계를 바라보는 '창'이 곧 세계를 이해하는 '관점'이며 세계'관'이다. 개인이 세상을 바라보는 관점이 저마다 다르듯 문화권마다 세계를 바라보는 관점 또한 서로 다르다. 특정 문화권의 세계관을 안다는 것은 그 문화권의 사람이 세계를 바라보는 관점을 이해한다는 것을 뜻한다. 한국문화가 어떠한 창을 통해 세계를 바라보는지를 이해하기 위해서는 먼저 한국인이 살아온 긴 역사의 기억부터 더듬어야 할 것

이다. 그 기억의 첫머리에는 한국인의 신화가 자리
하고 있다.

신화란 무엇인가

세계관을 모색하는 첫 자리에 왜 신화를 거론
할까? 신화(神話)란 한자어 의미 그대로 신의 이야
기다. 인간의 호기심은 자신을 둘러싼 세계의 비밀
을 푸는 것에서부터 시작된다. 인간을 둘러싸고 있
는 세계는 꽃이 피고 지며 풍성한 수확을 가져다주
는 아름다운 곳이기도 하지만, 때로는 홍수와 가뭄
으로 자신을 위협하는 두려운 대상이기도 하다. 그
래서 인간은 세계를 움직이는 궁극의 존재에 대해
알고 싶어 했다. 인간은 생명의 비밀을 주관하는
이 궁극의 존재를 '신'이라 부르고, 신의 생각을 탐
구했다. 신화에는 그 비밀의 이야기가 담겨 있다.
그래서 신화는 신의 존재를 통해 세계를 이해하고
자 하는 인간의 이야기기도 하다. 세계관을 모색하
는 첫 장에 신화가 놓인 이유다.

왜 창세신화인가

모든 신화의 첫머리에는 창세신화가 자리
한다. 세계관의 뿌리는 신화에 닿아있고, 다시 신

화의 뿌리는 창세신화에 닿아있다. 창세신화가 신화의 첫머리에 놓일 수밖에 없는 이유는 세계를 움직이는 비밀이 세계가 만들어지는 과정에 담겨 있기 때문이다. 창세신화에는 태초에 세계가 누구에 의해, 어떻게 만들어졌는지를 밝히는 세계의 설계도가 숨겨져 있다.

세계의 창세신화는 중요한 핵심 상징을 공유하고 있으며, 이 핵심 상징을 통해 창세신화에 담긴 설계도의 비밀을 풀어볼 수 있다. 세계의 창세신화가 공유하는 보편적 상징으로서 먼저 '거인'이 있다. 창세의 주인공으로서 거인의 이야기는 한국을 비롯한 모든 신화권이 공유할 뿐만 아니라, 창세신화에 담긴 세계관을 밝히는 데 있어 중요한 첫 자리를 차지하고 있다.

왜 대지모신은 거인일까

한국의 창세신화에 등장하는 거인은 할머니의 모습이다. 할머니는 노고(老姑) 혹은 마고(麻姑)로 불리기도 한다. 노고 할매 전설은 전국적으로 분포되어 있으며, 할매봉 혹은 노고산이란 지명으로 남겨져 전해지기도 한다. 할머니는 대지를 낳고 기르는 어머니로서, '대지모신'이다. 거인은 단순히 인간보다 몇 배 정도 큰 여느 동화 속 거인이 아닌, 상상을 초월하는 크기의 거인이다. 제주도 창세신화의 주인공은 설문대할망이다. 할망의 몸이 얼마나 큰지 한라산을 베고 누우면 발이 제주도 앞바다 작은 섬에 닿았다 한다.

창세거인의 성별은 여성이 원형이지만 남성 거인의 이야기로도 전승된다. 한반도 여러 지역에서 전승되는, 남자 거인 장길손의 크기를 살펴보자. 한 끼 식사로 쌀 수십 섬씩을 먹어야 하는 장길손은 얼굴을 한번 보려면 한나절이 걸릴 만큼 키가 큰 거인이었다. 그런 장길손이 흥이 나 춤을 추면 그의 그림자가 남쪽 지역 전체를 덮었다고 한다.

설문대할망의 몸이 제주도만 하고 장길손이 한반도만 하다는 것은 어떤 의미일까? 거인의 크기가 거인이 사는 세계의 크기와 동일하다는 것은 거인이 세계 자체를 의인화한 신임을 말한다. 설문대할망이 제주라는 세계를 의인화한 거인이라면, 장길손은 한반도라는 세계를 의인화한 거인이다. 그런데 이렇게 거대한 거인은 어디서 온 것일까? 세계를 의인화한 거인의 탄생을 묻는 것은 세계의 탄생 과정에 대해 묻는 것을 의미한다. 이제 태초의 거인이 어떻게 탄생했는지 또 다른 창세신화의 이야기를 들어보자.

하늘과 땅이 열리다

인류의 창세신화는 지구가 탄생하기 전 태초의 우주를 혼돈으로 묘사하고, 그 혼돈의 상태에서 지구가 탄생했다는 이야기를 공유한다. 한국과 중국을 비롯한 동북아시아의 창세신화는 혼돈의 상태에서 거인이 탄생하는 과정을 '천지개벽(天地開闢)'으로 표현한다.

한국의 서사무가인「창세가」와「천지왕본풀이」등에 전해지는 천지개벽 신화가 바로 그것이다. 한자어 '개벽'은 열 개(開), 열 벽(闢)으로 세계의 창세과정을 세계가 '열리다'로 표현한 것이다. 천지개벽 신화 중 중국의 반고신화가 널리 알려져 있다.

그리스·로마신화는 특정 민족이나 지역이 아닌 서구의 신화로 서구 전체가 공유한다. 신화에 담긴 세계관을 공유하는 문화권을 동일한 신화권으로 부른다면, 지구의 탄생을 천지개벽의 과정으로 해석한 한국과 중국 또한 동일한 신화권으로 묶을 수 있다. 그럼 이제부터 창세신화의 세계관을 공유하는 동일한 신화권임을 전제로 한국과 중국의 창세신화를 함께 살펴보고자 한다. 태초의 우주 속에서 어떻게 거인이 태어났는지 반고의 이야기를 들어보자.

> 혼돈이 소용돌이치는 둥근 알 속에서 만 팔천 년의 시간을 견디고 마침내 알을 깨고 반고라 불리는 거인이 탄생한다. 손바닥으로 하늘을 밀어내고 양발로 대지를 디뎌 선 채로 또다시 만 팔천 년의 시간이 흐른다. 반고의 키는 날마다 조금씩 자라 하늘과 땅의 거리도 점점 커지게 된다.
>
> – 『이야기 동양신화』, 정재서, 김영사

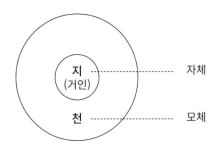

위의 그림은 천지개벽 신화에서 지(거인)가 만들어지는 과정을 도식화한 것이다. 눈여겨볼 것은 '지의 탄생'을 천 속에서 지가 탄생하는 과정으로

해석하고 있다는 점이다. 하늘과 땅이 열린다는 '천지개벽'의 의미를 천 속에서 지의 탄생 과정으로 해석한다는 것은, 천과 지의 관계를 모체와 자체의 관계로 본다는 것을 의미한다.

또한 지를 단독으로 보지 않고 모체 속의 지, 즉 천 속의 지로 바라본다는 점은 한국의 창세신화와 다른 신화권을 구분 짓는 중요한 관점이기도 하다. 그렇다면 천지에서 지란 어떤 세계를 의미할까? 설문대할망과 장길손신화에서 알 수 있듯 당대의 인류에게 지구라는 관념은 없었다. 그래서 지란 특정 지역의 인류가 인지하는 세계를 의미하며, 오늘날의 관점에서 지구라고 유추해 해석해도 무방하다. 따라서 이후 논의에서는 지를 '지구'로 해석하고자 한다.

반고의 탄생과 성장 과정을 하늘과 땅(지구)이 열리는 천지개벽의 과정으로 부른다는 것은 반고의 몸 자체가 지구임을 의미한다. 반고는 태어나긴 세월 동안 성장했지만, 아직 생명을 품을 수 없었다. 지구가 탄생한 후 태초의 생명체가 만들어지기까지는 또다시 긴 역사가 필요하기 때문이다. 그 과정에서 성장한 지구는 태양의 순환 궤도 속에 자리를 잡고, 다시 지구를 중심으로 달이 만들어지고 이어 달의 순환질서가 자리를 잡는다. 한국을 비롯한 세계 여러 지역의 창세신화에서는 이 과정을 신화에 담았다. 바로 '해와 달의 조정' 이야기다.

하늘에 두 개의 해와 두 개의 달이 번갈아 뜨는 바람에 세계는 너무 뜨겁거나 너무 추워져서 사람이 살 수 없는 환경이 된다. 이를 해결하기 위해 거인이 손으로 해와 달 하나를 떼어 없애거나, 영웅이 나타나 하나씩 활로 쏘아 없앴다는 이야기다. 그래서 창세신화의 창세과정을 일반화하면 <천지개벽 – 거인의 탄생 – 해와 달의 조정>으로 이어진다. 해와 달의 조정 과정을 지구가 해와 달의 운행 질서 속에 자리를 잡는 과정으로 해석하거나, 빙하기와 간빙기를 거치며 지구가 생명을 품을 수 있는 환경이 만들어지는 과정으로 해석할 수도 있다.

태초의 대지가 생명을 품다

천지개벽으로 탄생한 거인이 아직 생명을 품을 수 있는 대지가 아니란 것은 창세신화의 첫 번째 창세과정이 **'태초의 세계 탄생'**과 **'생명의 세계 탄생'** 두 단계로 구성되어 있음을 의미한다. 천에서 태어난 지구는 현재와 같은, 생명이 살 수 있는

24

세계가 아니다. 그래서 태초의 거인이 생명을 품을 수 있는 과정을 남겨두고 있다.

첫 단계의 창세신화가 거인의 탄생으로 시작해 해와 달의 조정을 거쳐 거인의 몸이 생명을 품을 수 있게 되기까지의 과정을 담고 있다면, 두 번째 단계의 창세신화는 거인의 몸에서 태초의 생명체가 탄생하는 과정부터 거인의 몸 전체가 생명의 대지로 변하는 과정까지를 담고 있다. 창세과정이 두 단계로 이루어지는 이유는 지구의 탄생과 생명이 탄생하기까지의 지구 역사를 짚어보면 분명해진다.

약 46억 년 전에 만들어진 원시지구는 약 35억 년 전 바다에서 최초의 생명체를 탄생시킨다. 그 후 지구는 긴 역사를 거치며 생명을 품는 생명계로 재탄생하였으며 마지막 짧은 역사 동안 인류가 탄생했다. 성장을 마친 거인이 생명의 대지로 재탄생하는 두 번째 단계는 약 35억 년 전의 태초의 생명체 탄생부터 인류 탄생의 역사까지를 신화에 담고 있다.

인류의 창세신화는 두 번째 창세 단계의 주인공을 대지에 생명을 낳는 대지의 어머니, 즉 대지모신(大地母神)이라 부른다. 앞서 만난 한국의 창세

거인 설문대할망과 장길손이 바로 대지모신이다. 대지모신의 크기가 자신이 사는 세계의 크기와 동일하다는 것은 천지개벽에서 태어난 거인이 성장하여 세계의 크기만큼 자랐다는 것을 의미하며, 늙은 할머니로 표현한 것은 천지개벽 신화에서 탄생한 거인이 대지모신이 되기까지 긴 역사를 살아왔음을 의미한다. 그리고 거인(지구)이 탄생하는 천지개벽 신화에 이어 거인이 생명을 품는 과정을 대지모신의 창세신화에 담고 있다.

생명의 대지를 탄생시키는 할망의 이야기

이제 설문대할망이 태초의 땅 제주도를 생명의 대지로 재탄생시키는 이야기를 들어보자.

태초에 탐라에는 세상에서 가장 키가 크고 힘이 센 설문대할망이 살고 있었다. 어느 날 누워서 자던 할머니가 벌떡 일어나 앉아 방귀를 뀌었더니 천지가 창조되기 시작했다. 불꽃 섬은 굉음을 내며 요동을 치고, 불기둥이 하늘로 솟아올랐다. 할머니는 바닷물과 흙을 삽으로 퍼서 불을 끄고 치마폭에 흙을 담아 날라 부지런히 한라산을 만들었다. 한 치마폭의 흙으로 한라산을 이루고 치맞자락 터진 구멍으로 흘러내린 흙들이 모여서 오름들이 생겼다. 또 할망이 싸는 오줌발에 성산 포 땅이 뜯겨 나가 작은 섬이 되었다. 할머니는 몸속에 모든 것을 가지고 있어서 풍요로웠다. 탐라 백성들은 할머니의 부드러운 살 위에 밭을 갈았다. 할머니의 털은 풀과 나무가 되고, 할머니가 싸는 힘찬 오줌 줄기로부터 온갖 해초와 문어, 전복, 소라, 물고기들이 나와 바다를 풍성하게 하였다.

- 한국민속문학사전, 설화편

창세거인 할망이 창세한 천지는 태초의 천지가 아니라 생명을 품은 생명의 대지로서의 천지를 의미한다. 할망이 창세 행위를 하기 전에도 제주도라는 대지는 존재했다. 그러나 이는 생명을 품을 수 있는 대지가 아니었다. 그래서 창세신 할망은 대지에 생명을 부여하는 '생명신'의 위상을 가진다. 신화는 생명신 할망이 태초의 대지에 생명을 부여하는 과정을 '산과 섬 그리고 풍요로운 대지의 탄생'으로 이야기하고 있다.

할망의 창세목적은 무엇일까

인류의 창세신화에는 '신이 왜 세계를 창세하는가'라는 창세신의 목적과 창세의지가 담겨 있다. 그렇다면 할망이 천지를 창세한 목적은 무엇일까?

어느 날 누워서 자던 할망이 벌떡 일어나 앉아 방귀를 뀌었더니 천지가 창조되기 시작했다.

설문대할망의 창세신화에는 기대해 봄 직한 위대한 창세의 목적도, 명확한 계기도 드러나지 않는다. 굳이 계기를 들라면 할머니의 방귀 정도다. 불꽃 섬이 요동치고, 불기둥이 하늘로 솟아오르는 것은 할머니의 창세의지에 의해 마법처럼 이루어진 것이 아니다. 그나마 할머니의 창세행위로 볼 수 있는 것은 바닷물로 불을 끈 후, 치마폭에 흙을 담아 한라산을 만든 것이다. 그러나 그 창세행위는 앞뒤의 문맥으로 보았을 때, 계획된 것이라기보다 자다 일어나 심심한 할망의 놀이 행위에 가까워 보인다. 이러한 해석은 이어진 창세과정을 보면 좀 더 명확해진다.

치맛자락 터진 구멍으로 흘러내린 흙들이 모

여서 오름들이 생겼다. 또 할망이 싸는 오줌발에 성산포 땅이 뜯겨 나가 작은 섬이 되었다.

찢어진 치맛자락에서 흘러내린 흙이 만든 오름의 탄생과정은 우연에 가깝다. 그리고 신화에서는 방귀에 이어 다시 오줌을 누는 행위로 섬이 만들어지는데, 이는 인간의 가장 일상적인 행위이자 '본성에 따른 행위'이다. 이는 할머니가 제주도를 창세하는 과정을 통해 할머니의 창세의지나 창세의 목적성을 드러내기보다 반대로 창세행위의 비의도성을 강조한 것으로 해석할 수 있다. 이러한 비의도성은 또 다른 창세거인 장길손의 창세과정에서도 잘 드러난다.

한 끼 식사로 쌀 수십 섬씩을 먹어야 하는 장길손은 항상 배가 고팠다. 그러던 어느 날 먹을 것이 풍족한 남쪽 지방에 내려가 허기진 배를 잔뜩 채우자 흥이나 덩실덩실 춤을 추었다. 그러자 장길손의 그림자가 남쪽 지역 전체를 덮어 그늘을 지우자 흉년이 들고 말았다. 남쪽 지방 사람들에게 쫓겨난 장길손은 북쪽 지방으로 걸음을 옮겼다. 그러나 북쪽 지방에서 제대로 배를 채울 수 없자 흙이든 돌이든 나무든 닥치는 대로 집어삼켜 그만 배탈이 나고 말았다. 아픈 배를 부여잡고 구르던 장길손은 먹은 것을 모두 토해내기 시작했다. 그가 토해낸 흙과 돌과 나무들이 쌓여 백두산이 되고, 배 아파 흘린 눈물이 압록강과 두만강이 되었다. 설사한 똥이 태백산맥이 되었고, 일을 마치고 크게 한숨을 쉬자 만주 벌판이 되었다고 전한다.

- 한국민속문학사전, 설화편

장길손 신화에서는 장길손이 배탈이 나서 설사를 하는 과정에서 그의 배설물과 눈물, 그리고 한숨으로 한반도의 산과 강 그리고 벌판이 탄생한다. 설문대할망과 장길손의 창세행위에 숨겨진 의미는 무엇일까? 창세신화에 적나라한 인간의 배설행위를 해학적으로 묘사한 이유는 창세과정에서 기대되는 창조자의 계획된 창세의지를 부정하고, 창세과정이 생명의 본성에 따라 '저절로' 이루어진 결과라는 점을 효과적으로 드러내기 위해서로 해석할 수 있다. 인위적인 창세의지를 부정하는 설문대할망의 이어지는 창세과정에 담긴 또 다른 의미를 찾아보자.

탐라 백성들은 할머니의 부드러운 살 위에 밭을 갈았다. 할머니의 털은 풀과 나무가 되고, 할머니가 싸는 힘찬 오줌 줄기로부터 온갖 해초와 문어, 전복, 소라, 물고기들이 나와 바다를 풍성하게 하였다.

할머니의 살이 밭으로 변하고, 할머니의 털이 수목으로 변한다는 것은 할머니의 몸 자체가 변하여 생명의 대지가 탄생한다는 것을 의미한다. 천지개벽으로 태어난 거인과 대지에 생명을 부여하는 대지모신은 모두 동일한 대지를 상징한다. 따라서 거인이 생명의 대지를 창세하는 과정은 거인 자신의 몸이 생명의 대지로 변하는 과정이라고 볼 수 있다. 장길손 신화 속 배설물을 눈물이나 한숨과 같은 거인 몸의 일부로 해석한다면, 장길손 신화 또한 거인의 몸이 변하여 세계가 만들어졌다는 의미를 공유한다.

창세신화에서 창세신이 어떻게 세계를 창세하는가를 '**창세원리**'로 부른다면, 설문대할망과 장길손의 창세과정에 담긴 창세원리의 특성은 무엇일까? 두 신화가 공유하는 창세원리의 첫 번째 특성은 생명의 본성에 따라 '**저절로**' 이루어지는 것이며, 두 번째 특성은 몸이 '**변하여**' 생명이 만들어진다는 데 있다. 두 특성을 합쳐 대지모신의 창세원리를 '**저절로 변화하는**'으로 정의할 수 있다. 그렇다면 창세의 첫 단계인 천지개벽 신화의 창세원리는 무엇으로 정의할 수 있을까?

혼돈이 소용돌이치는 둥근 알 속에서 만 팔천 년의 시간을 견디고 마침내 알을 깨고 반고라 불리는 거인이 탄생한다. 손바닥으로 하늘을 밀어내고 양발로 대지를 디뎌 선 채로 또다시 만 팔천 년의 시간이 흐른다. 반고의 키는 날마다 조금씩 자라 하늘과 땅의 거리도 점점 커지게 된다.

반고를 탄생시킨 태초의 세계는 시간만이 흐르는 곳이며, 거인은 시간의 흐름 속에서 태어나 성장한다. 천지개벽 신화에서 반고의 탄생과 성장 과정에 외부의 어떤 인위적인 의지나 개입 없이 오로지 시간의 흐름만이 존재한다는 것은 거인이 시간 속에서 '저절로' 탄생하고 성장했음을 의미한다.

시간 속에서 저절로 탄생하고 성장한 개벽신

화의 창세원리는 '**저절로 변화**'한 설문대할망과 장길손의 창세원리와 다르지 않다. 왜냐하면 '변화'란 근본적으로 시간의 흐름을 전제하기 때문이다. 두 단계의 창세신화가 '저절로 변화하는' 창세원리를 공유하고 있다면, 이제 남은 문제는 '저절로 변화하는' 창세원리가 어떤 생명의 원리에 바탕을 두고 있는지를 밝히는 것이다. '저절로 변화하는' 창세원리의 구체적 의미를 밝히기 위해 천지개벽 과정에서 태어난 거인 반고의 다음 이야기를 만나보자.

죽은 반고의 몸에서 생명의 세계가 탄생하다

반고의 창세신화는 천지개벽 신화와 생명계의 재탄생 신화가 연결되어 하나의 이야기를 이루고 있다. 천지개벽과 함께 성장한 반고는 설문대할망과 같은 생명을 품을 수 있는 대지모신으로서 생명의 대지를 탄생시킨다.

세월이 흘러 머리로 하늘을 떠받치고 서 있던 거인이 마침내 쓰러지고, 거인의 시체로부터 세계가 만들어지기 시작한다. 거인의 숨결은 바람이 되고, 피는 강물이 되고, 살은 논밭으로 신체

부위 별로 하나씩 변하여 천지가 만들어진다.

반고의 창세과정 또한 반고의 계획된 목적에 따라 이루어지기보다는 '저절로 변화'하는 창세원리를 공유한다. 그러나 반고신화가 설문대할망과 장길손의 창세 이야기와 다른 점은 반고의 몸이 변하는 과정에 '반고의 죽음'이 놓여 있다는 점이다. 설문대할망과 장길손의 창세과정에서는 단순히 거인의 몸이 변함으로써 산과 강 등의 생명계가 탄생하지만, 반고신화에서는 반고의 죽음을 매개로 생명계의 탄생이 이루어진다.

반고라는 한 생명체를 기준으로 살펴보면 탄생과 성장 그리고 죽음은 생명의 본성에 따른 보편적 성장사와 다르지 않다. 생명은 시간 속에서 성장하고 죽음을 맞는다. 따라서 반고의 죽음 또한 반고의 탄생과 마찬가지로 인위적인 무언가가 아닌, '반고의 본성'에 따른 자연스러운 사건이다.

그렇다면 반고신화는 왜 한국의 창세거인 이야기와는 달리 거인을 죽음에 이르게 하고, 또 거인의 죽음을 통해 생명계의 탄생을 이야기했을까? 반고의 죽음에 담긴 의미를 이해하기 위해서는 반고의 죽음이 신화에서 어떤 의미가 있는지를 먼저 살펴보아야 한다.

거인 반고의 죽음은 단순히 죽음으로 끝나는 것이 아니다. 반고의 주검에서 생명이 태어난다는 것은 곧 생명의 재생을 의미한다. 반고신화에 담긴 창세원리의 핵심은 바로 '**죽음과 재생**'이다. 설문대할망과 장길손의 창세원리가 본성에 따라 저절로 몸이 변하는 데 두고 있다면, 반고신화는 거인이 생명을 품는 과정에 '죽음과 재생'이라는 사건을 중심에 두고, 저절로 변화하는 창세원리를 '**생명의 재생원리**'로 구체화한다.

그렇다면 반고신화의 창세원리인 '생명의 재생원리'는 무엇을 의미할까? 죽음에서 생명을 재생하는 과정은 계절의 변화 과정에 잘 담겨 있다. 산천초목은 얼어붙은 겨울을 지나 봄을 맞이해 새로운 잎을 틔우고 꽃을 피워낸다. 겨울은 생명의 죽음 상태를 의미한다. 그리고 봄은 생명을 재생시킨다. 따라서 거인의 죽음에서 생명이 재탄생하는 반고신화는 바로 계절의 순환 속에서 이루어지는 생명의 재생 과정을 담고 있다. 생명이 저절로 변화하며 생명을 유지하는 비밀이 생명의 '재생'에 있음을 반고신화는 말하고 있다.

신성한 뱀

반고신화는 모체인 천에서 태어난 지구가 생명계로 재탄생되는 핵심 원리가 생명의 재생원리에 있음을 밝히고 있다. 그런데 재생하는 생명의 비밀을 담은 신화적 상징이 있다. 바로 뱀과 뱀을 바탕으로 만들어진 용이다. '뱀'과 '용'은 '거인'과 함께 인류의 창세신화가 공유한 중요한 또 하나의 중심 상징이다. 뱀 형상은 고대 인류 문명이 신성시한 보편적인 상징물이다. 뱀이 무엇을 의미하는지는 인도의 비슈누신화에 잘 드러난다.

인도신화에서 비슈누는 세계를 운행하며 유지하는 신이다. 원초적인 물 위에 똬리를 튼 뱀 위에 누워 잠이 든 비슈누의 배꼽에서 연꽃이 자라나고, 그 연꽃에서 창조신 브라흐마가 태어난다. 여기에서 의인화된 신(비슈누와 브라흐마)을 빼고 서사를 재구성하면 원초적인 물 위에 똬리 튼 뱀이 누워있었고, 그 위에서 연꽃이 피어났다고 해석할 수 있다. 창세과정의 순서를 요약하면 <원초적인 물 – 똬리 튼 뱀 – 꽃>으로 이어진다.

고대 신화에서 물은 생명의 근원이고 꽃이 생명의 세계를 상징한다고 본다면, 똬리 튼 뱀에서 생명의 세계가 만들어졌다고 해석할 수 있다. 비슈누신화는 생명을 탄생시키는 근원원리가 바로 똬리 튼 뱀에 있음을 밝히고 있다. 똬리 튼 뱀을 생명의 근원원리로 해석하는 신화적 상징물은 서구에도 존재한다.

뱀은 왜 자신의 꼬리를 물고 있을까

북유럽신화에도 거대한 우주 뱀의 형상이 등장한다. 인간이 사는 대지 밖 바다의 바닥에 누워 자기 입으로 꼬리를 물고 대지를 감싸고 있는 거대한 뱀, 요르문간드다. 우주 뱀 요르문간드는 인도의 비슈누신화에 등장하는 '원초적 바다 위에 떠 있는 똬리 튼 뱀'의 모습과 닮았다. 그런데 거대한 뱀이 대지를 감싸고 있다는 것은 어떤 의미일까? 두 신화는 모두 <바다(물) – 뱀 – 세계(꽃)> 순으로 이야기가 구성되어 있다. 비슈누신화의 똬리 튼 뱀이 꽃으로 상징되는 생명의 세계를 피웠다면, 요르문간드가 세계를 감싸고 있다는 것은 뱀이 세계를 창세한 근원원리임을 암시하고 있다.

고대 그리스의 시인 호메로스는 세계의 탄생을 "입에 꼬리를 문 뱀처럼 하늘과 땅을 휘감고 있는 광대무변한 큰 강이 세계의 시작이었다."라고 노래했다. 호메로스의 이야기는 생명의 탄생 과정을 <바다 – 똬리 튼 뱀 – 꽃>으로 서사화한 다른 신화의 서사와 이어진다. 인류는 왜 생명의 근원원리를 뱀의 형상에서 찾았을까?

비슈누신화에 등장하는 뱀이 그냥 뱀이 아닌, 왜 똬리 튼 뱀으로 표현되는지가 이 문제를 푸는 중요한 단서이다. 그런데 비슈누신화의 똬리 튼 뱀의 형상이 북유럽신화에서는 입으로 꼬리를 문 원의 형상으로 변한다. 똬리 튼 뱀이 입으로 꼬리를 문 원의 형상으로 변한 데는 중요한 의미가 담겨있다. 꼬리를 문 뱀의 형상은 고대 그리스에서도 신성하게 여겨 상징 도안으로 전해지고 있다.

아래 그림 속 뱀은 자신의 꼬리를 입으로 물고 원 형상을 이루고 있다. 고대 그리스에서는 이

1478년 우로보로스 도안

형상을 "꼬리를 삼키는 자"라는 뜻의 우로보로스라 불렀다. 고대 그리스인은 우로보로스를 처음과 마지막이 묶인 원의 형상으로서 탄생과 죽음의 결합을 상징한다고 생각했다.

탄생과 죽음이 결합한다는 것은 죽음이 삶의 종결이 아니라 또 다른 시작이며, 삶이 영속적으로 이어짐을 의미한다. 그렇기에 꼬리를 문 원의 형상은 '순환' 속에서 생명이 '무한히' 영속되며 불사하는 생명의 비밀을 담고 있다. 불사하는 생명의 비밀을 시간의 순환 속에서 죽음과 재생을 반복하는 과정에서 찾은 것이다. 이는 시간 속에서 재생하며 저절로 변하는 한국 창세신화의 창세원리와 동일하다.

왜 뱀은 신성한 상징물이 되는가

뱀을 신성한 상징으로 여긴 것은 인도신화나 서구의 우로보로스에 한정되지 않는다. 멕시코의 마야 문명권에서도 뱀은 신성한 상징이었다. 멕시코시티 교외의 유적에는 날개 달린 뱀과 목에 깃털을 단 뱀이 조각돼 있으며, 마야 피라미드 계단 입구 양쪽에도 뱀 머리 조각이 있고, 돌난간 전체는 뱀 몸통으로 조각돼 있다. 캄보디아의 앙코르와트

사원을 지키는 존재가 바로 나가(Naga)로 불리는 거대한 뱀 신이다.

신성한 뱀 상징은 상상의 동물인 용을 만들고 뱀 상징에 담긴 신성을 용의 신성성으로 승계했다. 한국과 중국을 비롯한 동북아시아에서도 일찍부터 뱀 형상을 원형으로 하는 용을 신성시하였다. 한국문화에서도 신라 문무대왕이 죽어 용이 되어 나라를 지킨다는 호국 용신 신앙과 함께 바다와 강을 지키거나 비를 내리게 하는 신으로 전승되어 왔다. 신성한 용은 고구려 고분벽화를 비롯하여 사찰과 궁궐 등 고대 건축을 장식하는 단청의 주요 소재뿐만 아니라, 신화와 전설 등에서 빈번하게 등장하는 중요한 상징물 중 하나로 자리매김하고 있다.

그렇다면 왜 생명의 재생원리를 상징하는 형상으로 하필 뱀이 선택되었을까? 뱀이 생명의 재생원리를 상징하게 된 이유는 다음 두 가지 속성에 기인한다. 첫 번째는 허물을 벗는 속성이다. 뱀은 매년 일 회 이상 허물을 벗으며, 허물을 벗지 못하면 각질화되어 자연사한다. 그런데 허물을 벗는 속성과 생명의 재생원리와는 어떤 연관이 있을까? 이는 뱀이 매년 허물을 벗는 것을 다시 태어나는

과정으로 보아, 생명이 겨울의 죽음에서 봄에 재생
하는 이치를 뱀이 허물을 벗고 재생하는 속성과 동
일하게 보았음을 의미한다. 그래서 뱀을 재생하는
생명의 신성한 상징체로 여기게 되었다.

두 번째는 유연하고 긴 몸통 때문이다. 뱀의
유연하고 긴 몸통은 쉽게 똬리를 틀게 하며, 이러
한 모습은 우로보로스처럼 입으로 꼬리를 물고 있
는 원의 형상으로 이어진다. 인류의 고대 문명은
생명의 재생원리를 순환하는 원의 형상에 담았고,
허물을 벗고 길고 유연한 몸통으로 똬리를 트는 뱀
의 속성에서 일치점을 찾아 뱀을 신성시했다고 추
론할 수 있다.

순환의 재생원리를 상징하는 뱀 형상은 생명
을 치유하는 의술의 상징으로 전승되기도 한다. 고
대 그리스에서 의술의 신으로 숭배되었던 아스클
레피오스의 지팡이에는 언제나 한 마리의 뱀이 둘
둘 말려 있었으며, 건강의 여신인 아스클레피오스
의 큰딸 히기에이아 또한 항상 손에 뱀 한 마리를
쥐고 다녔다.

뱀이 감싼 아스클레피오스의 지팡이는 오늘
날까지도 의학의 상징으로 세계보건기구(WHO)의
휘장뿐만 아니라 한국과 유럽의 병원과 약국을 상

징하는 도안으로도 널리 전승되고 있다. 이렇듯 인류가 뱀을 신성시한 문명을 공유했다는 것은 생명의 근원원리를 생명의 재생원리에서 찾고 있음을 의미한다.

두 번째 창세과정을 담은 창세신화도

한국의 창세신화에서 천지개벽과 생명계의 재탄생 과정은 생명의 근원원리를 밝히고 있다. 또한 재생하는 생명의 근원원리를 인류는 뱀 상징에 담아 신성시하였다. 그런데 창세신화의 창세과정은 여기서 그치지 않는다. 한국의 창세신화는 **두 번째 창세과정**으로 이어진다. 이제 두 번째 창세과정을 담은 창세신화도를 만나보자.

오른쪽 위의 그림은 지린성 지안(集安, 집안)에 있는 오회분 4호묘의 '복희여와도(伏羲女媧圖)'로 불리는 고구려 고분 벽화다. 하반신이 뱀의 형상을 한 반인반수의 남녀가 서로 마주 보는 '복희여와도'는 중국 한나라 시대의 화상석(畫像石)에 전해지기도 한다.

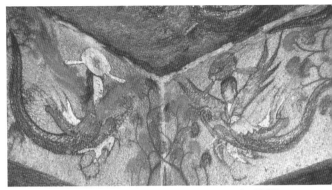

고구려 고분벽화

그런데 화상석의 복희여와도는 모두 아래 그림처럼 고구려 고분벽화와는 달리 남녀의 하반신이 꼬여 있다. 만들어진 시기로 보나, 화상석 외 다수의 복희여와도에서 하반신이 꼬여 있다는 점 등을 고려하면, 한나라 화상석의 복희여와도가 원형

화상석의 복희여와도

에 가깝다고 추론할 수 있다.

왜 창세신은 남녀 두 신일까

오른쪽에 있는 그림은 현재 한국의 국립중앙박물관에 소장 중인 7세기의 중국 신장 위구르 지역 고분에서 발견된 '복희여와도'다. 남녀의 손에 든 상징물이나 하반신이 서로 꼬여 있다는 점에서 한나라 화상석의 복희여와도의 형상과 동일하다. 이제 복희여와도의 형상에 담긴 신화적 의미를 하나씩 밝혀보자. 복희여와도란 명칭은 벽화 속 두 남녀 신의 이름에서 따왔다.

그렇다면 복희와 여와는 누구일까? 남신인 복희는 불을 발견하고 팔괘(八卦)를 만든 고대 중국 전설 속의 제왕이다. 여와는 진흙으로 인간을 빚은 여신이고 하늘에 구멍이 뚫렸을 때 오색 돌로 하늘을 메우기도 한 대지모신이다. 그런데 창세신화도의 창세신은 왜 한명의 신이 아니고 남과 여, 두 신일까? 이 의문을 풀기 위해서는 두 번째 창세과정에 담긴 창세의 의미부터 먼저 밝혀야 한다. 복희여와도에 담긴 창세 개념은 천지개벽 신화에 담긴 지구의 탄생을 의미하지도, 대지모신의 창세과정을 의미하지도 않는다.

44

복희여와도(국립박물관 소장)

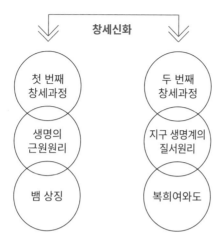

     천지개벽으로부터 시작되어 생명이 탄생하는 첫 번째 창세과정이 생명의 근원원리를 밝히고 있다면, 복희여와도에 담긴 두 번째 창세과정은 첫 번째 창세과정 속에서 만들어진 지구 생명계에 사는 생명체들이 어떻게 질서를 유지하며 생명 활동을 지속시킬 수 있는가를 밝히고 있다. 이제 창세신 복희와 여와가 제시하는 지구 생명계의 질서원리를 살펴보자.

     여와가 대지모신이라면 남신 복희는 어떤 신성을 의미할까? 복희가 만든 팔괘에는 천지만물의 변화 양상이 담겨 있고, 천지만물의 변화 양상이 곧 생명의 변화원리로서 생명의 근원원리로 이어진다는 것을 고려하면, 복희는 생명의 근원원리를 상징하는 신이라고 해석할 수 있다. 그래서 두 창세신의 위상을 엮어 복희여와도에 담긴 창세질서를 해석하면, 지구 생명계(여와)의 질서원리는 생명의 근원원리(복희)를 바탕으로 구현된다고 해석할 수 있다.

그러나 이 해석만으로는 생명계의 질서원리가 생명의 근원원리를 근본으로 한다는 것 외에 생명계의 질서원리가 구체적으로 어떻게 구현되는지 밝혀지지 않는다. 그래서 복희여와도의 두 남녀신은 창세신이 아닌 또 다른 위상으로서 생명계의 질서원리를 밝히고 있다.

복희와 여와는 모든 생명체를 상징한다

복희여와도의 두 남녀는 창세신으로서의 위상과 함께, 지구 생명계에 살아가는 모든 생명체를 상징하는 보편적인 남녀로서 위상을 가진다. 그렇다면 왜 지구 생명계의 모든 생명체를 남과 여로 상징하였을까? 생명체의 본성은 모두 다르다. 남녀란 서로 다른 본성을 가진 생명체를 포괄하는 상징적 역할을 한다.

그렇다면 지구 생명계에 살아가는 서로 다른 모든 생명체를 상징하는 두 남녀가 마주 보며 하반신이 서로 꼬여 있다는 것은 무엇을 의미할까? 바로 '관계'를 의미한다. 그래서 복희여와도에는 지구 생명계의 질서원리가 지구 생명계에 살아가는 모든 생명체 간의 관계로 구현된다는 의미가 담겨 있다. 그런데 중요한 문제가 남아 있다. 복희·여와가 서로 다른 개별 생명체를 상징한다면, 복희·여와의 하반신이 뱀인 까닭은 어디에 있는 것일까? 이 문제는 복희·여와가 창세신의 위상으로 등장하는 데서 그 답을 찾을 수 있다.

복희·여와의 하반신은 왜 뱀의 형상일까

먼저 창세신으로서 복희·여와가 제시하는 '생명계의 질서원리가 생명의 근원원리를 바탕으로 구현된다.'는 의미가 현실의 생명 질서 속에서 어떻게 구현되는지부터 살펴보자. 지구 생명계의 산천초목은 계절의 순환 속에서 꽃을 피우고 열매를 맺은 후, 잎을 떨어뜨리며 겨울을 맞는다. 그리고는 다시 봄을 맞아 재생한다. 이렇듯 생명체는 계절의 순환 속에서 살아가지만, 동시에 다른 생명체와 관계를 이루며 생명 활동을 지속한다. 따라서 두 창세신의 결합은 계절의 순환(생명의 근원원리) 속에서 다른 생명체와 관계를 맺으며 살아가는 생명의 현실을 반영한다.

복희여와도의 창세질서가 생명의 근원원리를 바탕으로 구현된다는 것은 계절의 순환을 바탕으로 생명계의 질서가 구현된다는 의미와 다른 차원에서 또 다른 중요한 의미를 담고 있다. 복희·여와의 하반신이 생명의 근원원리를 상징하는 신성한 뱀의 형상을 공유하고 있다는 데에 그 의미가 숨겨져 있다. 복희·여와가 뱀의 형상을 공유하고 있다는 것은 어떤 의미일까?

개별 생명체를 상징하는 남녀로서 복희·여와의 하반신이 뱀이라는 것은 서로 다른 본성을 가진 모든 생명체가 뱀의 형상을 공유하고 있음을 의미한다. 이는 지구 생명계에 몸 담은 모든 생명체가 생명의 근원원리를 바탕으로 태어난 신성한 존재라는 것을 말하며, 동시에 모든 생명체는 신성한 존재로서 생명계의 질서에 참여한다는 것을 의미한다.

생명체는 어떻게 관계를 맺을까

한국의 창세신화에서 생명의 근원원리를 밝

히는 첫 번째 창세과정에서 드러나는 창세원리의 특성은 창세신의 창세목적에 따라 계획적으로 이루어지는 것이 아니라 저절로 구현된다는 데 있다. 그렇다면 복희여와도에 담긴 창세원리의 특성은 무엇일까?

생명계의 질서원리가 생명의 근원원리를 바탕으로 구현되었다는 것은 창세원리 또한 근원원리에 담긴 생명의 본성에 따라 '저절로' 구현되었다는 것을 의미한다. 생명체의 관계 맺음으로 이루어지는 질서원리가 '저절로' 구현된다는 것은 무엇을 의미할까? 이는 생명이 시간에 따라 저절로 변하는 것처럼, 생명의 관계 또한 본성에 따라 '저절로' 이루어짐을 의미한다.

꽃에 벌과 곤충이 날아들어 수정하면 열매가 맺히고 또 다른 생명체가 그 열매를 먹고 씨앗을 퍼뜨리듯이, 생명이 관계를 맺는 과정은 인위적 의지의 개입 없이, 오로지 개별 생명체의 본성에 의해 '저절로' 이루어진다. 생명의 근원원리를 밝히는 첫 번째 창세과정의 창세원리가 '저절로' 이루어지는 '변화원리'라면, 지구 생명계의 질서원리를 밝히는 두 번째 창세과정의 창세원리는 '저절로' 이루어지는 '관계원리'로 부를 수 있다. 따라서 한

국의 창세신화에 담긴 창세원리는 '저절로' 구현
된다는 데 그 특성이 있다.

인류가 공유하는 두 축의 창세질서

　지금까지 살펴본 창세신화에 담긴 창세질서
는 생명의 근원원리와 지구 생명계의 질서원리라
는 두 축으로 이루어져 있다. 생명의 근원원리를
뱀 상징에 담았다면, 생명계의 질서원리는 복희여
와도에 담고 있다. 복희여와도가 뱀 상징과 함께
또 다른 창세신화로서의 위상을 가지게 된 이유는
생명계의 질서원리에 그만큼 중요한 의미가 담겨
있기 때문이다. 인류 문명은 생명과 인간, 인간과
인간의 관계를 어떻게 바라보는지에 따라 그 문명
의 성격이 규정된다. 그래서 복희여와도에 담긴 생
명계의 질서원리에는 종교와 정치, 문화 등 문명의
성격을 규정하는 중요한 의미가 담겨 있다. 그런데
생명의 근원원리를 담은 뱀 상징을 인류가 신성한
상징으로 공유한다면, 생명계의 질서원리를 담은
복희여와도 또한 인류는 공유할까? 위의 사진들은
하반신이 서로 꼬인 뱀 형상을 한 두 남녀의 모습
으로, 모두 복희여와도의 핵심 상징을 공유하고
있다.

　　왼쪽 사진은 네덜란드 라이덴 고고 박물관에
있는, BC332~AD395로 추정되는 시대의 유물로
서 두 남녀는 이집트 신화에 등장하는 신이다. 오
른쪽 사진은 인도 남서부 할레비두 호이살라슈바
라 사원의 나가(Naga) 부부상(10~14세기)이다. 학계
에서는 인간의 상반신과 뱀의 하반신을 가진 두 남
녀가 서로 꼬여 있는 신화적 상징을 '인수사신 교
미도(人首蛇身 交尾圖)'라 부른다. 인수사신 교미도는
한국과 중국뿐만 아니라 세계 여러 곳에서 발견되
었으며, 제작 시기 또한 복희여와도가 발견된 한나
라 이전으로 거슬러 올라간다. 이처럼 인류는 생명
의 근원원리를 뜻하는 뱀 상징뿐만 아니라, 생명계

52

의 질서원리를 뜻하는 인수사신 교미도 또한 공유
하고 있다. 인류가 두 가지 신화적 상징을 신성시
하며 공유했다는 것은 인류가 생명의 근원원리와
생명계의 질서원리를 밝히는 창세신화에 담긴 **두
축의 창세질서**를 공유하였음을 의미한다. 생명의
근원원리를 상징하는 뱀 상징만큼 생명계의 질서
원리를 상징하는 인수사신 교미도가 세계적으로
많이 발견되지는 않지만, 형상의 핵심을 이루는 두
뱀이 서로 꼬여 있는 모습은 여러 형태로 더욱 많
이 전해지고 있다.

아래 왼쪽 그림은 헤르메스의 지팡이로 널리
알려진 도안이며, 오른쪽 그림은 이보다 훨씬 앞선
고대 수메르의 왕 구데아(BC 2600년경)의 술잔에 조
각된 문양의 도안이다. 현재 헤르메스 지팡이의 두
마리 뱀은 아스클레피오스 지팡이의 한 마리 뱀과

동일하게 재생과 치유를 상징한다고 해석되어, 한
국의 대한의사협회 휘장을 비롯해 세계 의료기관
의 상징도안으로 널리 전승되고 있다. 그러나 한
마리의 뱀이 생명의 근원원리를 의미한다면, 두 마
리의 뱀이 꼬인 형상은 서로 다른 생명체가 관계
맺음을 통해 저절로 이루어지는 생명계의 질서원
리를 담은 신화적 상징물로 해석하는 것이 타당
하다고 본다.

누가 어떻게 창세하였는가

인류의 창세신화는 '누가', '어떻게' 세계를 만
들었느냐는 이야기로 구성되어 있다. 그래서 창세
신화의 본질은 창세신화를 구성하는 창세주체와
창세원리에 담겨 있다. 그렇다면 지금까지 분석한
창세원리 외에 창세주체는 어떻게 규명할 수 있을
까?

두 축의 창세질서에 담긴 창세원리의 공유된
특성은 '저절로' 이루어진다는 점이다. 그런데 저
절로 이루어지는 창세원리에는 이미 창세주체가
담겨 있다. '저절로' 이루어지는 창세원리가 외부
의 인위적 개입 없이 생명 스스로 이루는 창세과정
을 말한다고 할 때, '스스로'가 바로 창세주체를 의

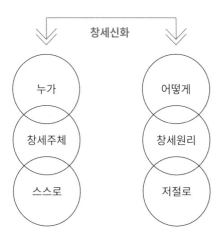

미하기 때문이다. 거인의 몸이 저절로 변하였다는
것은 창세주체와 창세대상이 분리되지 않고 거인
'스스로' 이루었음을 의미한다. 마찬가지로 복희여
와도에 담긴 두 번째 창세과정도 생명체의 관계가
본성에 따라 저절로 구현된다는 창세원리 속에는
스스로라는 창세주체를 담고 있다. 저절로 관계 질
서가 구현된다는 것은 관계에 참여하는 주체가 곧
질서의 주체임을 의미한다. 복희·여와가 서로 다
른 본성의 생명체를 상징하기에, 복희여와도에 담
긴 지구 생명계의 질서는 모든 생명체가 주체가 되
어 스스로 구현한다. 따라서 창세신화의 전 과정은
'생명 스스로가 자신의 본성에 따라 저절로 이

룬다.'로 정의할 수 있다.

신성이란 무엇인가

신화가 중요한 이유는 신화가 인간에게 신성
(神性), 즉 신의 원형을 제시하기 때문이다. 신성의
개념에는 신성주체와 신성원리라는 두 개념이 합
쳐져 있다. 창세신화에서 세계를 창세한 주체가 곧
신이라 할 때, 창세주체는 신성주체를 규정하고,
창세원리는 신성원리로 이어진다.

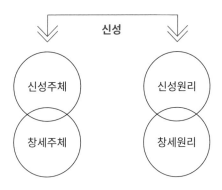

한국의 창세신화 속 창세과정은 생명 '스스로'
에 의해 이루어진다. 따라서 지구 생명계에 참여하
는 모든 생명체는 신성주체이며, 저절로 이루어지
는 창세원리가 곧 신성원리이다. 모든 문화가 지향

하는 궁극적 이상은 창세신화에 담긴 신성의 실현에 있다. 이렇듯 신성의 개념은 종교문화와 철학의 원형개념으로 이어져 세계관을 형성하고 문화적 정체성을 형성하는 중심개념으로 자리한다. 그래서 창세신화에서 제시된 신성의 원형은 문화권을 구분하는 중심 잣대가 된다.

한국의 창세신화는 생성신화다

태초에 인류 문화는 '거인'과 '뱀(용)'을 신성한 상징으로 공유하였다. 거인과 뱀 상징에 담긴 신성을 공유했다는 것은 곧 인류가 신성을 공유했음을 의미한다. 그러나 이후 역사를 전개하는 과정에서 문화권마다 상징을 해석하는 관점이 달라진다. 따라서 이 두 상징이 현재 전승되는 신화에서 어떻게 해석되는지를 비교하는 것은 문화의 정체성을 규명하는 데 중요한 의미가 있다. 그래서 한국을 비롯하여 거인과 뱀(용)을 신성시하는 창세신화를 세계관으로 승계한 문화권을 '**생성(生成)신화권**'이라 명하고, 생성신화권의 창세신화를 생성신화라 부르고자 한다.

생성(生成)의 개념은 생명(生命)의 개념에 닿아 있다. 한자어 생성(生成)은 날 생(生)과 이룰 성(成)

이 합쳐져, 생명이 생겨나 자라고 무언가를 이루는 과정으로서 생명체의 생명 활동을 의미한다. 생명 활동을 생성이라 부른다면 생명체는 생성체이기도 하다. 그래서 생성신화권이란 세계를 생성하는 생명체로 바라보는 관점을 공유한 신화권을 의미한다.

'자연'에 담긴 한국의 세계관

세계관이란 특정 문화권이 세계를 이해하는 '관점'을 의미한다. 오랜 역사 동안 한국인은 인간을 둘러싼 세계를 '자연'이라 불러왔다. 한국인이 세계를 자연이라 불러왔다는 것은, 세계를 자연이라는 말에 담긴 관점으로 이해했음을 의미한다. 따라서 자연이라는 말에 담긴 뜻을 살펴보면 한국인의 세계관을 알 수 있다.

한자어 자연(自然)의 자(自)에는 '스스로'라는 의미 외에 '저절로'라는 의미도 함께 담겨 있다. 자의 의미를 해석하는 데는 '스스로'라는 의미보다 '저절로'라는 의미가 더 적합하다. 왜냐하면 두 축의 창세질서에 담긴 창세원리가 '저절로'로 이루어진다는 데 있고, 저절로란 의미에는 '스스로'란 창세주체를 포괄하고 있기 때문이다.

　　이렇듯 자(自)가 세계의 생성주체와 생성원리를 포괄하고 있다면, 연(然)의 그러하다는 만물이 생성한다는 의미로서, 세계를 생성하는 생명체로 바라보는 관점이 담겨 있다. 한국인이 세계를 자연(自然), 즉 '저절로 생성하는 세계'로 바라보는 세계관은 세계를 생성하는 생명체로 바라보는 **'생명의 세계관'** 혹은 **'생성의 세계관'**이라 정의할 수 있다.

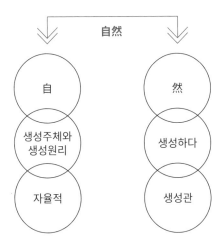

　　자연이란 의미를 그대로 풀어써 세계관을 명한다면, 자에 담긴 생성주체와 원리를 자율적이란 말에 담아 **'자율적 생성관'**으로 부를 수 있다. 그렇기에 세계를 자율적으로 생성하는 생명체로 바라

보는 생성(생명)의 세계관이 곧 '자연'이란 말에 담긴 세계관이며 한국문화의 세계관이다.

저절로 그러한 세계

한국문화는 한자어 자연을 종종 '저절로'란 한글로 표현하기도 한다.

青山自然自然(청산자연자연)
綠水自然自然(녹수자연자연)
山自然水自然(산자연수자연)
山水間我亦自然(산수간아역자연)

김인후(金麟厚. 1510~1560)의 시조다. 그런데 이 시조는 아래 우암(尤庵) 송시열(宋時烈. 1607~1689)의 시조와 내용이 이어진다.

청산도 절로 절로 녹수도 절로 절로
산 절로 수 절로 산수 간에 나도 절로

한국의 전통문화에서 저절로 구현되는 자연의 질서는 이상향의 질서다. 이 두 시조에는 자율적으로 생성되는 자연의 질서에 따라 살고 싶어 하는 한국인의 마음이 잘 드러나 있다. 두 시조를 비교해보면, 앞 시조의 자연이란 한자어를 뒤 시조가 절로라는 한국어로 대체하고 있는데, 한국문화가 자연과 '절로'를 동일하게 이해하고 있음을 알 수 있다.

'절로'에는 자연의 생성주체와 원리가 담겨 있다. 한국문화는 만물이 생성하는 자연의 이치를 '절로'란 한국어에 함축적으로 담아낸 것이다. 한국어에서 '절로'는 '저절로'와 같은 의미로 쓰인다. 저절로라는 의미에는 자연의 질서가 만물의 본성에 따라 구현된다는 의미가 담겨 있다. 따라서 '저절로'란 표현에는 세계를 '저절로 그러한' 자율적 생성체로 바라보는 관점과 함께 생명의 신성이 생명의 본성 자체에 있다는 의미가 함께 담겨 있다.

자연의 신성질서가 본성에 따라 저절로 이루어진다는 것은 생명의 본성에 따른 자유로운 삶의 향유가 곧 신성의 질서가 실현되는 과정임을 의미한다. 그래서 자연의 질서를 '저절로'이루어진다고 바라보는 자율적 생성관의 특성은 인간 본성의 자유의지와 신성의지를 일치시킨다는 데 있다.

세계관과 철학 원형

이제 세계를 자율적 생성체로 해석하는 한국의 세계관이 어떠한 철학적 원형으로 정립되는지를 살펴보자. 창세신화가 생명의 '근원원리'와 지구 생명계의 '질서원리'라는 두 축의 창세질서로 이루어져 있기에, 철학의 원형이 정립되는 과정 또한 두 단계로 나누어 살펴보고자 한다. 먼저 신성한 뱀 상징에 담긴 생명의 근원원리를 추상적 원리로 도상화한 태극도(太極圖)부터 만나보자.

아래 태극의 모양을 보면 떠오르는 그림이 있다. 바로 뱀이 꼬리를 물고 둥근 원을 그리고 있는 우로보로스다. 그래서 태극은 우로보로스와 동일한 의미를 담고 있는 철학적 도안으로 볼 수 있다. 태극과 우로보로스는 동일한 순환의 원 형상을 이루고 있다. 우로보로스의 원 형상이 계절의

순환에 따라 재생하는 생명의 생성원리를 상징하듯, 태극 또한 동일한 순환의 원을 통해 생명의 생성원리를 담고 있다.

태극(太極)의 사전적 의미를 살펴보면, 태극은 클 태(太)자에 담긴 처음·최초의 의미와 다할 극(極)에 담긴 궁극 혹은 근원의 뜻이 합쳐져 천지 만물을 생성시킨 궁극의 원리라는 뜻을 담고 있다. 즉 태극에는 생성신화권이 해석하는 생명의 근원원리가 담겨 있다. 태극에 담긴 근원원리의 첫 번째 특성은 자율성이다. 태극에는 오직 태극만이 그려져 있다. 태극에 태극만 있다는 것은 생명의 생성 과정에 초월적 의지나 인위적 개입 없이, 생명 스스로 생성질서를 구현하는 '자율적 생성원리'가 담겨 있음을 의미한다.

두 번째는 재생의 순환원리다. 태극의 순환원리를 자연의 질서로 해석하면 사계절의 순환질서로 해석할 수 있다. 위 그림에서 A는 생명의 탄생 지점이며 B는 성장이 완료되는 지점이다. A지점은 생명이 탄생하는 봄이자 생명이 죽음에 이르는 겨울의 마지막 지점이다. 그래서 A지점은 겨울의 끝이자 다시 봄의 시작점이 된다. 끝이 곧 시작점이라는 것은 생명의 재생원리를 의미한다.

세 번째는 **대립하는 두 질서**가 하나로 통합되어 순환의 질서를 완성한다는 점이다. A에서 시작한 원은 B지점인 성장을 향해 나아가며, 성장이 완료된 B지점에서 다시 처음의 자리인 A지점으로 돌아온다. 순환하는 원은 위로 향하다가 다시 원래의 자리로 돌아오는 A-B의 흐름과 역 흐름인 B-A의 흐름이라는 반대되는 두 질서가 합쳐져 완성된다.

태극은 대립하는 두 질서를 음양으로 개념화하였다. 흔히 양지와 음지로 부르는 것처럼, 음양의 한자 어원에는 햇빛이 비치는 곳과 반대로 그늘진 곳이란 뜻이 담겨 있다. 하지만 생성철학 속 음양의 원형개념은 우로보로스에 담긴 삶과 죽음의 순환원리에 뿌리를 두고 있다. 그래서 태극의 음양개념은 **'생명의 생성질서'**에 근간을 둔 개념으로, 탄생에서 성장으로 향하는 A-B를 양으로, 성장에서 죽음으로 향하는 B-A를 음으로 정의할 수 있다.

삶과 죽음의 순환질서는 차오르고 기우는 달의 순환질서와 밝음과 어둠이 순환하는 낮과 밤의 질서 등으로 확장되며, 궁극적으로 생명의 생성에 관여하는 모든 질서를 포괄한다. 이렇듯 태극은 뱀

(우로보로스) 상징에 담긴 순환의 재생원리를 음양의 개념으로 재정립한 철학적 도안으로, 생성신화권의 철학적 원형으로 자리한다.

음양의 개념이 전환되다

대립하는 두 음양 질서의 순환원리를 담은 태극이 생명의 근원원리를 담고 있다면, 복희여와도에 담긴 생명계의 질서원리는 어떤 철학으로 정립될까?

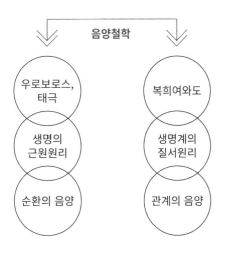

태극의 음양개념은 음양철학으로 정립된다. 태극이 생명의 근원원리를 **순환의 음양철학**에 담

고 있다면, 복희여와도에 담긴 생명계의 질서원리
는 **관계의 음양철학**으로 정립된다. 그런데 태극에
담긴 순환의 '음양' 개념과 복희여와도에 담긴 관
계의 '음양' 개념은 다르다. 순환의 '음양'이 대립
하는 **'질서'**를 상징한다면, 관계의 '음양'은 서로
대립하는 본성을 가진 **'생명체'**를 상징하기 때문
이다. 순환의 음양이 생성질서라는 보이지 않는 추
상적 음양이라면, 관계의 음양은 실재하는 생명체
를 상징한다.

그렇다면 관계의 음양에서 '대립하는 본성을
가진 두 생명체로서의 음양'이란 무엇을 의미할
까? 순환의 음양에서 대립하는 두 질서를 상징하
는 음양이 궁극적으로 생명의 생성에 관여하는 모
든 질서를 포괄하듯, 관계의 음양에서 대립하는 두
본성의 생명체를 상징하는 음양 또한 지구 생명계
의 모든 생명체를 포괄한다. 그렇다면 '순환의 음
양'과 '관계의 음양'은 어떤 관계를 이룰까? 순환의
음양과 관계의 음양은 병렬적 관계가 아니라, 순환
의 음양원리를 바탕으로 관계의 음양원리가 구현
된다. 왜냐하면 순환의 음양이 곧 생명의 근원원리
를 상징하기 때문이다.

배제하지 않는 음양, 참여하는 음양

모든 철학의 궁극적 목적은 세계관에 담긴 창세질서를 현실 속에 구현하는 데 있다. 음양철학의 목적 또한 세계관에 담긴 자율적 생성원리를 현실 세계에 구현하는 데 있다. 따라서 음양철학의 목적은 음양의 순환원리에 담긴 생명의 근원원리를 바탕으로 관계의 음양철학에 담긴 자율적 생성질서를 생명계와 인간 공동체에 구현하는 데 있다. 이제 관계의 음양철학이 구현하고자 하는 공동체의 질서를 이해하기 위해 먼저 관계에 참여하는 주체로서 '음양'에 담긴 의미를 살펴보자.

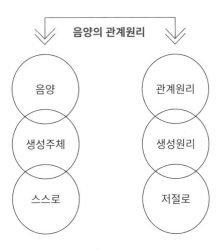

관계 주체로서 '음양'의 첫 번째 의미는 관계 질서를 구현하는 과정에서 생명계의 어떠한 생명체도 배제하지 않는다는 데 있다. 이는 생명계에 참여하는 모든 생명체가 생성주체로서 '스스로' 생성질서를 구현하는 것으로 이어진다. 두 번째 의미에는 배제하지 않는다는 것을 넘어, **순환의 생성질서**와 마찬가지로 대립하는 서로 다른 생명체가 없으면 '**관계의 생성질서**'가 이뤄질 수 없기에, 상호 참여를 통해서만 '관계의 생성질서'를 완성할 수 있다는 보다 능동적인 의미가 부여되어 있다.

세 번째는 음양이 구현하는 관계 질서가 본성에 따라 '저절로' 구현된다는 데 있다. 그래서 관계의 음양 철학에는 생명계의 모든 생명체가 자신의 본성을 향유함으로써 자율적 생성질서가 구현되는, 생명의 자유의지를 통해 신성의지를 실현하고자 하는 세계관적 의지가 담겨 있다.

자율적 생성질서는 어떻게 구현되는가

음양의 관계원리는 복희여와도의 창세질서를 담고 있다. 복희여와도에 담긴 생명계의 질서원리를 그대로 이어받은 음양의 관계원리는 생명계의 질서가 생명체 간의 관계로 이루어짐을 밝히는 데 그치지 않는다. 왜냐하면 모든 문명의 질서는 관계 질서가 '**어떻게**' 구성되는가에 따라 문명의 성격이 달라지기 때문이다.

따라서 복희여와도에 담긴 질서의 본질은 '**자율성**'에 있으며, 자율성이란 인위적 의지가 아닌 생명의 본성에 담긴 자유의지를 통해 구현함을 의미한다. 그래서 자율적 생성질서의 구현은 관계에 참여하는 모든 생명체가 자신의 본성을 자유롭게 발현할 수 있을 때만이 가능하다. 이는 만약 관계에 참여하는 주체가 본성에 담긴 자유의지를 구현할 수 없다면 자율적 생성질서 또한 구현될 수 없다는 것을 의미한다.

복희와 여와의 하반신이 뱀의 형상인 이유가 여기에 있다. 복희·여와의 상반신은 서로 대립하는 주체이지만, 뱀의 형상을 공유한 하반신은 관계에 참여하는 모든 생명체가 **신성한 주체**로서 자신의 본성대로 삶을 향유하는 **자유로운 주체**라는 의미가 담겨 있다. 모든 생명체가 **자유로운 신성주체**라는 의미는 관계에 참여하는 서로 다른 생명체가 서로 동등하다는 의미로 이어진다. 그렇다면 음양철학은 서로 다른 본성의 생명체가 동등하다는 것을 어떤 철학적 근거로 제시하는지 밝혀보자.

음양은 왜 동등한가

음양의 관계원리는 서로 다른 본성의 생명체를 상징하는 음양의 두 주체가 동등한 신성주체임을 전제로 한다. 동등하다는 것은 비교를 전제로 하고, 비교란 다시 가치적 판단을 전제한다. 그래서 음양이 동등하다는 것은 음양으로 상징되는 서로 다른 본성의 두 주체가 가치적으로 동등함을 의미한다.

그렇다면 음양의 서로 다른 본성의 가치가 동등하다는 것은 어떤 철학적 원리에 의해 뒷받침되고 있을까? 관계의 음양은 순환의 음양을 바탕으로 하고 있듯, 가치적 동등성 또한 순환의 음양에 의해 뒷받침된다. 이 과정에서 음양철학은 '가치철학'으로 전환된다. 생명의 근원원리인 순환의 음양원리에서, 음양의 대립하는 두 질서는 어느 한쪽의 질서가 없으면 생명의 생성질서를 구현할 수 없다.

따라서 대립하는 두 질서는 동등한 역할로 순환의 질서를 완성하기에, 음양의 순환질서에 참여하고 대립하는 두 질서는 동등한 가치를 지닌다. 순환의 음양이 궁극적으로 생명의 생성에 관여하는 서로 다른 모든 질서를 포괄하고 있으므로 모든 질서는 동등한 가치로 생명의 생성질서에 참여하고 있다.

삶의 생성에 관여하는 서로 다른 질서의 가치
가 동등하다는 '가치철학'은 관계질서에 참여하는
음양으로 상징되는 서로 다른 본성의 가치 또한 동
등함을 철학적 원리로 뒷받침한다. 이렇듯 음양으
로 상징되는 지구 생명계의 질서에 참여하는 모든
생명체는 자유로운 주체이자 서로 동등한 주체로
서 관계에 참여한다는 것이 관계의 음양이 구현하
고자 하는 '자율적 생성질서'에 담긴 본질적 의
미다.

음양철학과 이원적 생성원리

지금까지 창세신화에 담긴 세계관이 원형 철
학으로 만들어지는 과정을 살펴보았다. 음양철학
의 원형은 태극에 있고, 태극의 원형은 꼬리를 문
뱀 형상으로서 우로보로스에 있다. 따라서 음양철
학에 담긴 철학 원리는 특정 신화권에 한정된 철학
이 아니라 인류가 공유한 신화적 사유에 뿌리를 두
고 있다. 그래서 음양철학을 보다 보편적 원리로
해석하기 위해 음양철학의 원리를 '이원적 생성원
리'로 부르고자 한다.

음양철학은 창세신화에 담긴 두 축의 창세질

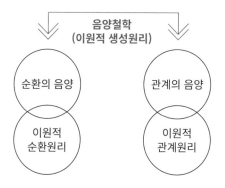

서를 음양의 순환원리와 음양의 관계원리로 정식
화한다. 음양철학에서 음양을 대립하는 성질을 가
진 두 개념으로 해석할 때, 대립하는 두 개념을 '이
원(二元)'적 개념으로 부를 수 있다. 그래서 음양의
순환원리는 '이원적' 순환원리로, 음양의 관계원리
는 '이원적' 관계원리로 정의할 수 있다. 음양철학
이 생성의 세계관을 바탕으로 한 생성철학이라 할
때, 순환원리와 관계원리는 모두 생성원리로 수렴
된다. 그래서 음양철학에 담긴 철학원리를 '이원적
생성원리'로 정의할 수 있다.

서사무가 『창세가』와 배반의 문명

한국문화는 인간 공동체를 지구 생명계의 일
부로 해석한다. 따라서 인간 공동체의 이상적 질서

또한 지구 생명계의 자율적 생성질서를 따르는 데 있다고 보았다. 그러나 인류는 자율적 생성질서를 부정하는 가부장문명의 역사를 공유하며, 이는 한국문화 또한 예외가 아니다. 가부장문명의 정치질서 속에서도 기층 민중의 문화는 원형의 세계관을 기억함과 동시에 이를 전통문화 속에서 승계해 왔다. 그렇다면 기층 민중은 가부장문명의 정치질서를 어떻게 생각하였을까?

가부장문명의 정치질서에 대한 기층 민중의 생각은 서사무가인 「창세가(創世歌)」에 잘 담겨 있다. 「창세가(創世歌)」는 손진태 선생이 1923년 함경남도 함흥지역에서 우연히 김쌍돌이(金雙石伊)라는 무녀를 만나 이를 접한 뒤, 4개 지역의 무가를 정리하여 1930년에 출간한 『조선신가유편(朝鮮神歌遺篇)』에 실린 창세신화. 창세가는 천지개벽으로 시작하는 생성신화권의 창세신화에 담긴 창세과정을 비교적 온전히 담고 있다.

창세가에 등장하는 창세 거인의 이름은 미륵이다. 그리고 여기서 살펴 볼 창세가의 내용은 마지막 장에 쓰인 거인 미륵과 석가가 인간 세상의 통치권을 놓고 다투는 이야기이다. 미륵과 석가는 불교의 신성이지만 창세가의 거인 미륵과 석가는 불교의 세계관과는 무관하다. 다만 거인들의 이름을 불교문화를 통해 널리 알려진, 민중에게 익숙한 인물로 설정했다고 볼 수 있다. 창세신인 미륵이 인간 세상을 다스리고 있을 때, 석가가 나타나 미륵에게 인간 세상을 내놓으라 했다. 미륵은 석가의 도전을 받아 인간 세상을 누가 통치할 것인가를 놓고 내기를 한다. 몇 차례 내기에서 미륵이 계속 승리하자 석가는 마지막으로 '꽃피우기 내기'를 제안한다.

> 석가님이 말하기를, "또 한 번 더 하자.
> 너와 내가 한 방에 누워
> 모란꽃을 모락모락 피워
> 내 무릎에 올라오면 내 세월이요,
> 네 무릎에 올라가면 네 세월이다."
> 석가는 도둑 심보를 먹고 거짓 잠자고
> 미륵님은 참 잠을 잤네.
> 미륵님 무릎 위에
> 모란꽃이 피어 올라왔네.
> 석가가 중둥이(꽃가지)를 꺾어다가
> 제 무릎에 꽂았네.
> 미륵님은 잠에서 깨어나 저주하기를,

"축축하고 더러운 이 석가야,
  내 무릎에 핀 꽃을 네 무릎에 꺾어다 꽂았으니
  꽃이 피어도 열흘이 못 가고 심어도 십 년이 못
가리라."

두 거인이 합의한 꽃피우는 방법이 특이하다.
미륵과 석가는 같이 누운 상태로 대결을 벌인다.
미륵이 잠든 사이에 먼저 꽃이 피어오르자, 꽃을
피우지 못한 석가는 미륵이 피운 꽃을 꺾어 훔
친다. 꽃피우기 내기에서 진 미륵은 석가에게 인간
세상을 내어주고 사라진다. 석가의 부당한 승리로
말미암아 그 후로 인간 세상에는 온갖 부정한 것들
이 생겨났다고 전한다.

미륵은 어떻게 꽃을 피우는가

꽃피우기 내기의 '꽃'은 앞서 인도신화인 비슈
누 신화에서 똬리 튼 뱀 위에서 피어난 꽃과 마찬
가지로 생명의 세계를 상징한다. 따라서 꽃을 피우
는 능력은 곧 세계를 통치하는 능력을 의미한다.
문제는 누가 어떻게 꽃을 피우느냐에 있다. 그렇기
에 꽃피우기 내기는 누가 생명의 세계를 생성시키
느냐는 신성의 주체를 물음과 동시에 어떻게 피워

내느냐를 통해 생명의 생성원리로서 신성원리를 묻고 있다.

'꽃피우기 내기'는 또 다른 창세신화인 「천지왕본풀이」에 실린 '소별왕과 대별왕'의 대결 과정에서도 등장하며 삼신할머니의 이야기에도 등장할 만큼 한국의 창세신화에서 중요한 상징적 의미를 담고 있다. 꽃피우기 내기에서 꽃을 피우는 과정에는 한국의 창세신화에 담긴 세계관이 잘 드러나고 있다. 두 거인이 누워서 꽃을 피운다는 의미에는 두 거인이 꽃을 피우는 과정에 관여하지 않는다는 내기의 전제가 숨겨져 있다. 꽃을 피우는 데 있어 왜 미륵과 석가는 이러한 조건을 합의하였을까?

여기에 세계관이 담겨 있다. 미륵과 석가 모두 꽃은 인위적 개입 없이 저절로 피어난다는 세계관의 원리를 받아들였다는 것을 의미한다. 미륵이 잠들었다는 것 또한 꽃을 피우는 동안 개입하지 않음을 암시한다. 꽃은 미륵이 잠을 자는 동안 미륵 자신조차 알지 못한 사이에 저절로 피어난다. 누가 인간 세계에 이상적 정치질서를 구현할 자격을 갖추었는가를 묻고 있는 창세가의 '꽃피우기 내기'에는 한국문화가 생각하는 이상적 세계 질서에 대한 원형적 이념이 담겨 있다.

그런데 이야기가 석가에 의해 반전된다. 꽃을 피우지 못한 석가가 미륵의 꽃을 훔쳐 통치권을 차지하게 되기 때문이다. 창세가가 바라본 현실 세계는 미륵의 꽃을 훔친 석가가 통치하는 세계이며, 동시에 온갖 부정한 것들이 넘쳐나는 세계이다. 이렇듯 창세가의 꽃피우기 내기에는 현실 세계인 가부장문명에 대한 민중의 생각과 그들이 염원하는 이상세계의 모습이 잘 담겨 있다.

미륵이 패배한 세계

미륵은 꽃피우기 내기에서 석가에게 패배한다. 미륵이 패배한 세계는 욕심의 세계, 욕심의 질서로 타락한 세계이다. 그리고 미륵은 타락한 현실 세계에서 미래의 구원자로 한국문화 속에 살아남는다. 불교문화에서 미륵은 석가모니불의 뒤를 이어 57억 년 후에 세상에 출현하여 석가모니불이 구제하지 못한 중생을 구제할 미래의 부처이다.

왜 패배한 창세신의 이름을 미륵이라 이름 지었는지에 대한 답은 바로 미래불로서 미륵의 위상에서 찾을 수 있다. 비록 현실에서 패배했지만 민중은 저절로 꽃피우는 세계에 대한 염원을 미래불로서 미륵 속에 담았다고 해석할 수 있다. 그래서 미륵은 한국인과 함께 역사 속에서 영원히 살아가고 있다.

2장.
창세신화와
세계관
II

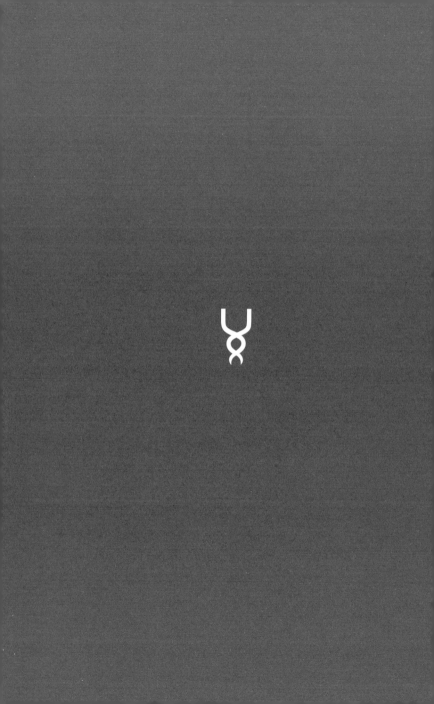

왜_____

춤추고 _____ 노래하는

_____ 혼돈은 _____

죽음에_____ 이르는가

인류가 하늘 아래 같은 세계에 살면서도 세계를 바라보는 '관점'이 다른 까닭은 어디서 비롯하는 것일까? 세계'관'은 세계가 만들어지는 과정을 담은 창세신화에 뿌리를 두고 있다. 따라서 세계관이 다르다는 것은 창세신화에 담긴 세계의 창세과정이 다르다는 것을 의미한다. 세계의 창세신화가 핵심 상징들을 공유한다고 했을 때, 창세과정이 다르다는 것은 핵심 상징들에 대한 해석이 달라졌음을 의미한다. 이번 장에서는 널리 알려진 그리스·로마신화(이후로는 그리스신화라 부른다)를 중심으로 문명의 변화 속에서 창세신화가 공유했던 '거인'과 '뱀(용)' 상징에 대한 해석이 변하는 과정과 함께 달라진 해석이 어떻게 다른 세계관의 형성으로 이어지는지 살펴보고자 한다.

돌로 변한 거인 아틀라스

서구의 거인 신화 중 가장 널리 알려진 것은 그리스신화에 나오는 아틀라스의 이야기다. 아틀라스가 두 팔로 들고 있는 것은 무엇일까? 바로 하늘이다. 두 팔로 하늘을 받치고 있는 거인은 어딘가 낮이 익다. 이는 혼돈에서 태어나 천지를 개벽시키는 반고의 모습과 닮아있다. 그러나 하늘을 떠받치는 거인 아틀라스는 반고처럼 혼돈에서 태어나 하늘을 여는 모습이 아니다. 그렇다면 아틀라스는 왜 하늘을 떠받치고 있을까?

아틀라스는 가이아의 후손인 거인족으로, 인간에게 불을 가져다준 죄로 형벌을 받은 프로메테우스의 형제기도 하다. 아틀라스는 올림포스의 주신인 제우스와 거인족인 티탄족의 싸움에서 티탄족의 편을 들었다가 제우스로부터 평생 동안 지구의 서쪽 끝에서 손과 머리로 하늘을 떠받치는 형벌을 받는다. 그래서 하늘을 떠받치는 거인 아틀라스는 천지개벽하는 모습이 아니라 바로 형벌을 받고 있는 모습이다. 오비디우스의 『변신 이야기』에는 아틀라스의 또 다른 이야기도 전해진다.

아틀라스는 광대한 영토와 땅을 가진 왕이었는데, 영웅 페르세우스가 메두사의 머리를 베어 돌아가는 중 그에게 하룻밤 머물 잠자리를 부탁하자 거절한다. 이에 화가 난 페르세우스는 보기만 해도 돌이 되는 메두사의 머리를 내보여 아틀라스를 돌로 만들어 버렸다고 전한다. 아틀라스에 관한 두 가지 이야기를 함께 살펴보면, 아틀라스는 형벌을 받는 존재이거나 영웅에 의해 저주받는 존재이다. 거인 아틀라스는 왜 저주와 형벌을 받는 존재로 전락하였을까? 그런데 저주받은 아틀라스의 이야기는 여기서 그치지 않는다. 『변신 이야기』는 돌로 변한 아틀라스의 이후 이야기를 다음과 같이 전하고 있다.

그러자 아틀라스의 큰 몸집은 그대로 산이 되고, 수염과 머리카락은 나무로 변하고, 어깨와 팔은 산마루가 되었으며, 머리는 산꼭대기가, 뼈는 돌이 되었다. 그러고 나서 아틀라스는 모든 부분에서 엄청난 부피로 커져서 온 하늘이 수없이 많은 별과 함께 그의 어깨 위에서 휴식을 취했다.

거인 아틀라스가 저주를 받아 돌로 변한 뒤의 이야기는 거인의 몸이 변하여 생명의 대지가 만들어지는 한국의 거인 신화와 크게 다르지 않다. 그러나 여기에는 중요한 차이점이 있다. 몸이 변하는 계기가 설문대할망이나 장길손 등 한국의 거인은 본성에 따라 저절로 변하였다면, 아틀라스는 저주를 받은 뒤 이루어졌다는 점이다. 이런 차이가 어디서 비롯하는지 창세신화와 직접 연관된 또 다른 거인의 이야기를 들어보자.

죽음과 살해를 어떻게 볼 것인가

거인 이미르는 북유럽신화에 등장하는 거인들의 조상으로 우주 최초의 존재지만, 같은 신화의 주신(主神)인 오딘에게 살해당한다. 오딘과 그 형제들은 거인 이미르를 살해한 후 그의 몸으로 대지를, 피로 바다와 강과 호수를, 뼈로 바위를, 머리카락으로 나무와 풀을 만들었다. 두개골을 하늘로 하고 뇌는 공중으로 던져서 구름으로 하였다. 거인 이미르의 죽음과 이어지는 창세과정은 반고의 창세과정과 어떤 차이가 있을까?

'거인의 주검이 변하여 세계가 만들어진다.'라는 거인화생설(巨人化生說) 혹은 시체화생설(屍體化

生說)은 거인 반고의 죽음과 이미르의 죽음을 동일
한 관점으로 해석하는 이론이다. 그러나 반고의 자
연사와 이미르의 살해는 동일한 관점으로 해석할
수 없다. 자연사와 살해는 전혀 다른 창세원리로
이어지기 때문이다. 거인 반고의 '죽음'은 단순히
죽음 자체로 끝나지 않는다. 왜냐하면 반고의 죽음
은 재생하는 죽음이기 때문이다.

　　반고가 재생하는 과정은 '저절로 변하는' 생명
계의 자율적 생성 과정을 상징한다. 그래서 반고의
죽음과 재생의 과정에는 외부의 인위적 개입 없이
오직 반고의 본성에 따라 저절로 이루어진다. 반면
에 거인 이미르의 죽음은 인위적인 죽음으로, 거인
을 살해한 오딘이 직접 사체로 세계를 만든다. 따
라서 재생 과정이 시간의 변화 속에서 **저절로** 이루
어지지 않으며, **인위적** 개입으로 이루어진다는 중
요한 차이가 있다. 이러한 차이는 저주받아 돌로
변한 뒤 생명의 대지가 만들어지는 아틀라스의 이
야기에도 동일하게 적용된다. 아틀라스 또한 본성
에 따라 저절로 이루어지는 것이 아니라 페르세우
스의 저주라는 인위적인 개입에 의해 이루어지기
때문이다.

　　생성신화에서 거인은 생명신의 위상을 가진

대지모신의 존재다. 그러나 서구의 창세신화에서 대지모신인 거인을 살해의 대상으로 삼는다는 것은 대지모신의 자율적 생성력을 부정한다는 것을 의미한다. 거인의 자율적 생성력을 부정하는 신화는 생명의 자율적 생성원리를 상징하는 뱀 상징 또한 부정할 수밖에 없다. 이제 거인과 함께 뱀(용) 상징이 어떻게 부정되는지 다른 창세 이야기를 살펴보자.

용으로 변신한 티아마트

메소포타미아 지역의 창세신화에는 한국의 설문대할망처럼 여성 거인의 이야기가 전해진다. 여성 거인의 이름은 티아마트다. 거인 티아마트는 태초의 신이자 혼돈의 여신으로 불렸다. 그리고 뒤이어 탄생한 전능신 에아 등 다른 신들은 티아마트가 지배하는 혼돈의 세계에 질서와 법칙을 부여하고자 했다. 그러자 기존의 질서를 침범당한 태초의 신 티아마트와 다른 신들 사이에 갈등이 일어나고, 마침내 전쟁이 시작된다.

분노한 티아마트는 '심연과 혼돈'의 군대를 소집해 맞선다. 곤경에 빠진 다른 신들은 용감한 마르두크에게 도움을 청했다. 이에 마르두크가 티아마트를 물리치겠다고 약속하자 다른 신들은 그를 축복하고 자신들의 왕으로 추대한다. 혼돈의 소굴로 향한 마르두크는 용으로 변신한 거인 티아마트를 살해한다.

마르두크는 티아마트가 입을 벌리는 순간 폭풍을 불러 입을 닫지 못하게 한 다음, 티아마트의 몸에 검을 찔러 넣었다. 그리고는 곤봉으로 티아마트의 두개골을 부수고 북풍을 일으켜 그 피를 흩뿌린 뒤에 거대한 용의 몸을 둘로 찢어 한쪽을 머리 위에 두어 하늘로 삼고 또 한쪽은 바닥에 눕혀 땅으로 삼았다. 마르두크가 티아마트를 죽이자 혼돈의 세력은 다투어 빛이 미치지 않는 심연으로 달아났다. 그리고 마르두크는 우주 최고 권력자의 지위에 오르게 되었다.

북유럽신화에서 창세신인 영웅 오딘은 거인 이미르를 살해한 후 거인의 사체로 세계를 창조하였고, 메소포타미아신화의 주신 마르두크는 거인 티아마트를 살해하고 그의 몸으로 세계를 창조했다. 그렇다면 거인 티아마트가 용으로 변신한다는 것은 무슨 의미일까? 거인이 용으로 변신한다는 것은 거인과 용이 다르지 않음을 말한다. 거인이 지구 생명계 즉 '생명'을 상징한다면, 용은 생명의 '생성원리'를 상징하기 때문이다.

북유럽신화와 메소포타미아신화에서는 거인과 용을 살해하고, 살해된 주검으로 세계가 만들어지는 창세과정을 공유한다. 그리고 거인 혹은 용을 살해한 자는 창세신이 된다. 아틀라스 이야기에서 보듯 서구신화의 대표적 신화인 그리스신화 또한 창세과정에 담긴 근본원리는 동일하다. 그러나 그리스신화의 중심 서사에는 주신이 거인을 살해하는 과정이 한 번의 사건이 아니라 긴 전쟁 과정을 거친다는 차이를 보인다.

제우스는 어떻게 거인족을 물리치는가

그리스신화의 중심 서사에 등장하는 거인의 이름은 가이아다. '땅', '대지' 또는 '지구'를 의미하는 가이아는 신화에서 '대지'를 의인화한 여신으로, '만물의 어머니'이자 '신들의 어머니', 즉 '창조의 어머니 신'으로 불린다. 이렇듯 가이아는 한국의 설문대할망과 동일한 대지모신이다. 거인 가이아와 대립하는 주신은 제우스다. 그리스신화의 창세과정은 주신 제우스가 가이아를 정복하는 과정이기도 하다. 그런데 제우스가 가이아를 정복하는 과정이 다른 신화처럼 한 번의 사건으로 끝나지 않는 이유는 둘의 대결이 직접적인 것이 아닌, **'가이아의 후손인 거인족'**과 **'제우스를 중심으로 한 올림포스 신족'** 간의 대결이란 형태로 여러 세대에 걸쳐 이루어지기 때문이다.

제우스가 문명의 패권을 잡는 과정에서 거인족과 세 번에 걸친 전쟁이 벌어진다. 가이아의 자식들인 티탄 신족과 제우스를 중심으로 한 올림포스 신족 간의 십여 년에 걸친 '티타노마키아 대전쟁'으로 시작해서, 또 다른 거인족 기간테스와의 '기간토마키아 전쟁', 그리고 마지막으로 반인반수의 거대한 거인 '티폰과의 전쟁'을 거쳐 가이아문명은 완전히 정복되고 제우스를 주신으로 하는 올림포스 신족의 시대가 열린다. 세 번의 전쟁 주역인 거인족은 모두 아버지만 다른 가이아의 자식들이다. 그런데 가이아의 후손인 거인족은 다양한 괴물의 모습임에도 불구하고 뱀의 형상을 공유한다는 특징을 지닌다. 이는 가이아가 창세한 최초의 문명이 '거인과 뱀'을 신성시하는 문명임을 말해준다.

왜 신화의 계보는 복잡할까

그리스신화를 처음 접하면 방대하고도 복잡

한 계보와 <가이아 – 우라노스 – 크로노스 – 제우스>로 이어지는 혈연관계 속에서 반복되는 배신과 복수의 이야기를 대면하게 된다. 그리스신화의 창세 과정이 다른 서구권 신화와 다른 점은 대지모신인 가이아를 직접 살해하지 않을 뿐만 아니라 제우스가 가이아의 혈연 상 계보를 잇고 있다는 점이다. 거인족의 후손인 제우스가 거인족을 물리치고 올림포스 신족의 주신의 자리에 오른다는 것은 서구의 다른 신화에서 보인 주신과 거인의 단순한 대립 구도를 복잡하게 만든다. 이런 복잡한 구도에 숨겨진 의도는 무엇일까?

여기에는 신화를 쓴 주체가 가이아문명의 신성을 부정하면서도, 한편으로 주신 제우스를 가이아문명의 적통자로 보이게 하고 싶은 이중의 욕망이 감추어져 있다. 그래서 다른 신화에서는 주신이 직접 대지모신인 거인을 살해하지만, 그리스신화에서는 주신인 제우스가 가이아의 계보를 잇는 것처럼 보인다. 부모가 자식을 삼키고 자식은 다시 부모를 살해하는 이해하기 힘든 이야기에는 제우스를 가이아 문명의 적통자로 보이고자 하는 의도 외에 또 다른 숨겨진 의도가 있다. <가이아 – 우라노스 – 크로노스>로 이어지는 배반과 복수의 서사

과정을 통해 가이아문명 내부의 혼란을 극대화시켜 제우스가 주신으로 등극하는 과정을 정당화시키기 위함이기도 하다. 그런 과정 속에서 제우스는 가이아문명의 적통자로서 가이아문명의 혼란을 극복하고 새로운 질서를 확립한 주신의 위상을 차지하게 된다.

창세주체와 원리가 변하다

인류의 창세신화가 거인의 이야기를 공유하는 이유는 거인이 대지모신으로서 위상을 가지기 때문이다. 대지모신이란 대지에 생명을 부여한 생명의 여신을 의미한다. 그래서 인류는 대지모신인 거인과 생명의 근원원리를 상징하는 뱀과 용을 신성하게 여긴다. 거인과 뱀을 신성시하는 문명은 세계를 생명체로 바라본다는 점에서 '**생명의 문명**'으로, 생명의 특성을 '자율적 생성체'로 해석한다는 점에서 '**생성문명**'으로 부를 수 있다. 따라서 이제부터 인류가 태초에 공유한 대지모신의 문명을 '생성문명'이라 부르고자 한다. 서구신화에서는 생성문명이 신성시하는 거인과 뱀 상징을 부정하고 정복의 대상으로 삼는다. 그리스신화에서 거인족의 시대가 올림포스 신족의 시대로 전환된다는 것은 단순한 종족 간의 권력 이동을 넘어, **문명의 전환**을 의미한다. 그래서 그리스신화의 창세과정에서 '창세'는 생성신화의 창세 개념과는 다르다.

생성신화의 창세가 지구의 탄생과 생명의 탄생 과정을 담고 있다면, 그리스신화의 '창세' 대상은 지구 생명계가 아닌 가이아문명을 대체하는 '새로운 문명'을 의미한다. 문명의 전환 과정에서 생성문명의 창세주체와 창세원리는 새로운 창세주체와 창세원리로 대체된다. 생성문명의 창세주체가 거인이었다면 서구신화의 창세주체는 거인을 살해한 주체로 바뀐다. 이러한 창세주체의 변질은 창세원리의 변질로 이어져 저절로 이루어지는 창세원리는 새로운 원리로 대체된다.

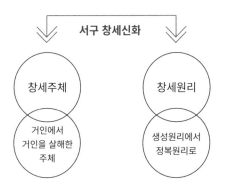

새로운 문명을 여는 창세주체는 대지모신인 거인과 신성한 뱀 상징을 부정하고 정복의 대상으로 바라본다. 그래서 거인과 뱀을 살해한 주체가 인위적으로 세계를 만드는 창세원리를 **정복원리**라 부를 수 있다. 거인과 뱀 상징을 신성시하는 생성문명의 세계관을 승계한 신화권을 '생성신화권'으로 부른다면, 거인과 뱀 상징을 부정하고 이를 정복의 대상으로 삼는 신화권을 '**정복신화권**'이라 부를 수 있다. 창세과정을 공유하는 그리스·로마신화와 함께 유럽신화의 양축을 이루는 북유럽신화, 그리고 히브리신화와 메소포타미아신화 모두 정복신화권에 속한다고 볼 수 있다.

문명의 전환과 신성주권

창세신화가 중요한 이유는 창세과정을 통해 신성을 드러내기 때문이다. 신성의 개념이 신성주체와 신성원리로 구성되어 있다면, 창세신화의 본질을 밝히는 과정은 신성주체의 규명에서부터 시작된다. 신성주체를 규명하는 문제는 신성주권이 누구에게 있는가를 밝히는 과정이기도 하다. 거인이 스스로 재생한다는 것은 거인의 신성주권이 거인의 본성에 있음을 의미하지만, 거인을 인위적으로 살해한 후 그 사체를 이용해 세계를 창조하는 정복신화는 살해 주체, 즉 정복권력이 신성주권을 독점한다. 이제 그리스신화에서 신성주권의 교체를 상징하는 신화적 사건을 만나보자.

델포이 신전은 신탁이 이루어지던 성전이다. 가이아문명에서는 개인의 문제뿐만 아니라 국가의 중대한 문제에 대해서도 델포이 신전의 신탁을 통해 해결 방안을 구했다. 그런데 신탁을 담당하는 사제는 바로 무녀였으며, 신탁은 무녀가 신내림 받은 상태에서 내리는 예언을 의미했다. 국가의 성전이자 가이아문명의 신성한 공간이었던 델포이 신전은 BC 9세기에 아폴론에게 신성의 지위를 빼앗긴다. 그 상징적 사건이 바로 신전을 지키는 거대한 뱀, 피톤의 살해다. 아폴론은 피톤의 사체에서 껍질을 벗긴 다음, 몸통은 석관에 넣어 세계의 배꼽 옴파로스 밑에 묻고 껍질은 신탁을 받는 다리 셋 달린 솥을 감싸게 하였다. 그리고 아폴론은 자신이 신탁소의 새로운 주인임을 선언하고, 피톤의 껍데기를 덮은 세 발 솥을 통해 예언을 내리기 시작한다.

아폴론이 신전을 지키는 뱀을 살해하고 새로운 신전의 주인이 되었다는 것은 무엇을 의미할까? 뱀은 단순한 신전의 지킴이를 넘어 신전을 만든 가이아문명의 신성을 상징한다. 그래서 아폴론이 델포이 신전을 지키는 거대한 뱀을 살해하고 스스로 새로운 신전의 주인이 되었다는 것은 신성주권의 교체를 상징적으로 보여주는 역사적 사건으로 해석할 수 있다. 그런데 가이아문명의 신성이란 대지모신의 신성으로서 궁극적으로 생명의 신성을 의미한다. 따라서 가이아문명의 신성을 상징하는 뱀 피톤이 살해되는 과정은 생명계에 참여하는 모든 생명체의 신성주권이 부정당하고 정복권력이 신성주권을 독점하는 과정이기도 하다.

혼돈한 용, 레비아탄

인류 역사의 모든 정복 전쟁에는 명분이 동원된다. 정복신화는 대지모신인 거인과 대지모신의 신성을 상징하는 뱀과 용의 살해를 어떤 명분으로 정당화하였을까? 정복의 명분은 대지모신이자 거대한 용의 형상을 한 티아마트가 살해당하는 과정에서 드러난다. 그리고 살해의 이유는 바로 전쟁을 시작한 이유에 나타나 있다. 신화는 티아마트를 '혼돈의 여신'으로 부른다. 전쟁의 시작은 혼돈의 세계를 둘러싸고 그 혼돈의 세계를 유지하려는 태초의 신과 그 혼돈에 질서를 부여하고자 하는 신들과의 다툼에서 시작됐다고 전한다. 그래서 정복 전쟁의 명분은 혼돈의 여신 티아마트가 유지하고자 한 '**혼돈의 질서**'를 종식하고 새로운 질서를 세우기 위함에서 찾는다.

그리스신화에서도 정복 전쟁의 명분은 가이아문명 내부의 혼란을 종식한다는 데 있다. 제우스는 자식이 부모를 살해하는 혼돈한 무질서의 시대를 종식하고 질서의 시대를 연 권력자의 위상을 얻는다. 히브리 신화에도 '혼돈의 힘'이란 뜻을 가진 '레비아탄'이란 이름의 거대한 괴물이 등장한다. 혼돈한 괴물 레비아탄 또한 용의 형상을 하고 있다. 용은 뱀 상징에 담긴 생성문명의 신성원리를 이어받은 신성한 동물이다. 신성한 용이 혼돈하다는 이유로 살해되듯, 생성문명 또한 혼돈한 문명이므로 정복돼야 한다는 명분이 만들어진다. 그런데 왜 정복신화는 대지모신인 티아마트를 혼돈의 여신이라 부르고, 용을 혼돈의 괴물이라 불렀을까? 생성신화권의 천지개벽 신화는 지구를 탄생시킨 모체의 상태를 혼돈으로 명했다.

혼돈이 소용돌이치는 둥근 알 속에서 만 팔천

년의 시간을 견디고 마침내 알을 깨고 반고라 불리는 거인이 탄생한다.

반고가 혼돈에서 탄생했다는 문맥에서 혼돈은 어떤 상태를 의미할까? 신화에서 말하는 혼돈은 현대인이 생각하는 무질서의 상태를 의미할까? 그렇지 않다. 반고가 혼돈에서 태어났다는 의미는 혼돈이 반고를 탄생시킨 근원원리임을 말한다. 이렇듯 혼돈은 생성문명에서 생명의 근원원리를 상징한다. 그렇다면 왜 생명의 근원원리를 혼돈으로 불렀을까? 여기에는 생성신화와 정복신화가 생명의 근원원리를 바라보는 중요한 차이가 숨겨져 있다. 인류의 창세신화에서 '혼돈'이 지닌 상징적 의미는 '용'과 '거인'의 상징처럼 모든 신화가 공유하면서도 상반된 해석을 하는 중요한 신화적 상징이다. 그래서 **'혼돈'**을 거인과 뱀(용)에 이어 인류의 창세신화가 공유하는 세 번째 중심 상징으로 삼고자 한다.

왜 생명의 근원원리를 '혼돈'으로 불렀을까

생성문명은 재생하는 생명의 근원원리를 뱀 상징에 담아 신성시 했다. 그리고 생명이 저절로

생성하는 자율적 생성원리를 우로보로스와 태극
도상에 담았고, 생성신화권에서는 태극에 담긴 순
환원리를 이원적 생성원리로 개념화하였다. 따라
서 생명의 근원원리로서 혼돈은 이원적 생성원리
를 의미한다. 혼돈의 이원적 생성원리는 우로보로
스와 태극에 담긴 생명의 순환원리로서 대립하는
두 가지 질서가 합쳐져 완성된다.

이원적 생성원리를 '혼돈'으로 부른 이유는 서
로 대립하는 두 질서가 섞여 하나의 질서를 완성하
기 때문이다. 인간의 감각적 인식으로 볼 때, 질서
란 단일한 하나의 방향을 제시해야 하기에, 반대되
는 두 질서가 섞인 상태를 질서가 없는 혼돈으로
불렀다. 생성문명 또한 이원적 생성원리를 혼돈으
로 불렀다는 것은 이원적 생성원리가 감각적 인식
으로는 일반적 질서원리에 어긋난다고 보았음을
의미한다. 그럼에도 혼돈을 생명의 근원원리로 신
성시하였다는 것은 **생명의 원리**를 인간의 감각적
인식과는 다른 차원의 신성한 원리로 받아들였음
을 말해준다.

반면에 정복신화가 이원적 생성원리를 무질
서함으로 규정했다는 것은 인간의 감각적 인식에
반하는 생명의 원리 자체를 부정하였음을 의미

한다. 그래서 이원적 생성원리를 부정하는 정복신화는 대립되는 질서가 섞여 있는 상태를 분리하여 단일한 방향의 질서를 제시하고자, 생명의 생성에 관여하는 대립되는 모든 질서를 이분화시킨다. 생성문명은 생명이 자율적으로 생성할 수 있는 이유가 대립하는 두 질서가 하나로 만나 생명의 생성에 관여하기 때문이라 보았으며, 이것이 인간이 저절로 꽃 피우는 신성한 주체일 수 있는 근거가 된다. 따라서 이원적 생성질서를 부정한다는 것은 근본적으로 자율적으로 생성하는 생명의 신성주권을 부정하고 정복의 대상으로 삼는다는 데 문제의 본질이 담겨 있다. 그런데 생성신화권에도 혼돈으로 불리는 상상의 동물이 있다. 이제 생성신화권에서 펼쳐지는 '혼돈'과 인간의 이야기를 만나보자.

왜 혼돈은 노래와 춤을 알고 있을까

『산해경(山海經)』은 기원전 3, 4세기 전국시대에 만들어진 중국의 가장 오래된 지리서(地理書)로서, 많은 신화적 상상의 동물과 함께 관련 이야기를 담고 있다. 여기에는 **혼돈**으로 불리는 괴이한 생명체의 이야기가 아래와 같이 전해진다.

서쪽으로 300리를 가면 천산(天山)에 신령스러운 새(神鳥)가 있는데, 그 모습이 누런 자루 같고 붉기가 밝은 불(丹火)과 같고 여섯 개의 다리와 네 개의 날개를 지니고 있다. 혼돈(渾敦)한데, 얼굴과 눈이 없다. 그리고 노래와 춤을 안다.

아래 그림은 명(明)나라 호문환(胡文煥)의 산해경도에 그려진 '혼돈'의 모습이다.

혼돈이 왜 얼굴이 없는지는 차후 논하기로 하고, 우선 혼돈이 노래와 춤을 알고 있다는 것이 무엇을 의미하는지부터 살펴보자. 생성신화권에서는 생명의 이상적인 상태, 즉 자율적으로 생성하는 상태를 **'춤추고 노래하는'** 모습으로 표현한다. 개별 생명체가 본성에 따라 자유롭게 자신의 삶을 향유하는 모습을 생명이 춤추고 노래하는 상태로 해

석한 것이다. 따라서 노래하고 춤추는 혼돈의 모습은 생명이 본성대로 살아가는 모습이자 생성문명이 바라보는 이상적 삶의 모습이기도 하다.

혼돈의 의미를 더욱 명확히 알기 위해서는 다른 기록이 필요하다. 중국 남북조 시대에 쓰인 고대 소설 『신이경(神異經)』은 혼돈의 모습을 '**항상 자신의 꼬리를 물고 돌며 하늘을 보고 웃는다**'라고 전한다. 신이경에는 혼돈이 흉한 동물이라는 변질된 견해가 담겨 있지만, 그럼에도 위의 기록은 중요한 의미를 담고 있다. '항상 자신의 꼬리를 물고 도는' 혼돈의 모습은 입으로 꼬리를 물고 있는 우로보로스 형상과 일치한다. 이는 혼돈이 본성대로, 생명의 원리에 따라 살아가는 신성한 생명을 상징하는 상상의 동물임을 의미한다.

왜 혼돈은 예민하고 지적인가

혼돈이 꼬리를 물고 돌며 웃고 있다고 전한 신이경은 혼돈의 성격에 대해 이렇게 말한다.

혼돈이 눈이 있으나 보지 못하고 귀가 있으나 듣지 못한다…… 혼돈의 감각은 매우 예민하고 지성이 있으며……

신이경에 등장하는 혼돈은 얼굴에 있는 감각 기능이 제대로 발달하지 않았다는 점에서 얼굴이 없는 산해경의 모습과는 차이가 있다. 혼돈이 인식 기관이 발달하지 않았음에도 감각이 예민하고 지성이 있다는 의미는 무엇을 의미할까? 예민하다는 것이 활성화된 감각을 의미한다고 가정하면, 이 문장은 감각기관이 발달하지 않았다는 혼돈의 모습과 모순된다. 그러나 이 모순된 표현에는 생성문명이 바라보는 생명의 본성에 대한 중요한 의미가 담겨 있다.

혼돈은 본성대로 살아가는 생명의 모습을 상징한다. 그래서 혼돈이 지닌 감각적 예민함과 지적 능력은 이야기에 등장하는 혼돈에게만 주어진 특수한 능력이 아니라 모든 생명에게 주어진 본성의 능력을 의미한다. 생성문명에서 생명의 본성을 신성하다고 여기는 이유는 생명의 본성에는 스스로 꽃피울 수 있는 자율적 생성력이 담겨 있다고 보기 때문이다. 그렇다면 생명은 어떻게 스스로 꽃을 피울 수 있을까? 생명은 고립된 개체로 홀로 꽃 피우지 않는다. 본성대로 살아가는 생명체는 햇빛이 비추거나 비가 내리는 자신을 둘러싼 환경의 변화에 예민하게 반응한다. 주변 환경에 반응한다는 것은 생명의 본성이 세계와 교감하며 세계를 향해 열려 있음을 의미한다. 분별의 감각이 없으면서도 지성이 있다는 말도 마찬가지다.

생명의 본성은 감각적 인식과 달리 생명의 이원적 생성질서를 그대로 수용한다. 생명의 관점에서 요구하는 지적 능력은 생명의 원리를 부정하는 이분법적 인식 능력이 아니라 생명의 원리를 그대로 수용하는 본성의 능력이다. 그래서 '예민하며 지적'이라는 것은 세계를 향해 열린 채 다른 생명체와 교감하며 생명의 원리대로 살아가는 생명의 본성에 담긴 신성한 능력을 의미한다. 그런데 언제나 웃으며 춤과 노래를 알던 혼돈에게 죽음이 찾아온다. 『장자(莊子)』「응제왕편」에 혼돈의 죽음에 관한 이야기가 전해진다.

혼돈의 죽음

남해의 왕은 숙(儵)이라 하고 북해의 왕은 홀(忽)이라 하며 중앙의 왕은 혼돈(混沌)이라 한다. 숙과 홀이 때때로 혼돈의 땅에서 서로 만났는데, 혼돈이 그들을 아주 잘 대접하였다. 숙과 홀은 혼돈의 은혜에 보답하고자 말하길, "사람은 누구나 일곱 구멍이 있어 보고 듣고 먹고 숨을 쉬는데, 오직 혼돈에게만 없으니 우리가 시험 삼아 그에게 구멍을 뚫어 주자."고 하였다. 매일 한 구멍씩 뚫었는데 7일이 지나자 혼돈은 죽고 말았다.

장자가 이야기한 혼돈은 상상의 동물이 아니라 의인화된 인격체이자 왕이다. 혼돈이 세계의 중앙을 다스리는 왕이란 말은 무엇을 의미할까? 중앙이란 세계의 중심을 의미한다. 이는 생성신화권에서 혼돈을 생명의 근원원리로 받아들이고 있음을 의미한다. 그런데 이웃 왕들이 혼돈에게 감각기관이 없음을 알고 감각기관을 만들어주기 위해 몸에 구멍을 뚫자 혼돈은 죽고 말았다. 여기에는 어떤 의미가 담겨 있을까?

혼돈의 죽음 이야기에는 생성신화권의 세계관과 철학이 바라보는 인간의 인식에 대한 본질적 견해가 담겨 있다. 혼돈에게 본래 인식기관이 없다는 의미는 실제로 감각기관이 없다는 의미가 아니라 감각적 인식을 중심으로 살지 않고 본성대로 생명의 원리를 받아들였음을 뜻하고, 감각기관이 생겼다는 의미 또한 본성대로 생명의 원리를 따르지 않고 감각적 인식을 중심으로 살게 되었음을 의미한다. 그래서 혼돈의 죽음은 실제의 죽음이 아니라 본성에 따라 살던 혼돈이 감각적 인식을 중심으로 생명의 질서를 차별적으로 인식하게 되자 더는 춤추며 노래하는 자유로운 삶을 누릴 수 없게 되었음을 이야기하고 있다.

왜 생성문명은 생명의 생성질서를 이분화하는 인간의 감각적 인식을 부정적으로 바라볼까? 생성문명에서 이원적 생성질서를 이분화하는 것은 생명의 신성주권에 대한 부정으로 이어질 뿐만 아니라 생명의 가치에 대한 차별로 이어져 궁극적으로 인간 공동체의 질서가 차별의 질서로 귀결될 수밖에 없다고 보기 때문이다. 혼돈의 죽음 이야기는 인간이 본성대로 살던 시대, 즉 자유로운 주체이자 신성한 주체로서 자신의 삶을 향유하며 살았던 생성문명에서 차별을 정당화하는 가부장문명으로 변화하는 과정을 상징적으로 담고 있다.

혼돈의 죽음에 이웃 왕들이 개입되어 있다는 데는 또 다른 의미가 숨겨져 있다. 혼돈의 인식 변화는 혼돈 스스로에 의한 것이 아니라 인위적 힘이 개입되었다는 것을 의미하기 때문이다. 인위적인 힘의 정체를 한국의 창세가는 꽃을 꺾어 훔친 석가의 욕심에서 찾는다. 석가가 통치하는 욕심의 세계가 생성문명을 정복한 가부장문명임을 의미한다고 보면, 인위적인 힘의 정체가 무엇인지 밝혀진다. 이렇듯 혼돈의 이야기에는 저절로 꽃피우는 자율적 생성관이 생각하는 인간의 이상적 삶이 무엇인지, 그리고 그 이상적 삶이 역사 속에서 어떻게 파괴되었는지를 잘 보여주고 있다.

가이아문명과 생성문명

정복신화의 창세과정은 생성문명의 신성을 부정하고 새로운 문명의 질서로 전환하는 과정을 담고 있다. 정복신화가 정복한 생성문명은 대지모신의 문명으로서 '가이아문명'이다. 가이아문명은 생성신화권과 같은 신성과 세계관을 공유한 문명으로 볼 수 있다. 그래서 가이아문명의 창세질서는 뱀 상징에 담긴 생명의 근원원리와 복희여와도에 담긴 생명계의 질서원리를 모두 공유한다고 추론할 수 있다. 이제 가이아문명 속에서 생성문명이 공유하는 생명의 근원원리와 생명계의 질서원리를 찾아보고, 이것이 정복신화에 의해 어떻게 왜곡되는지를 함께 살펴보고자한다. 물론 이 작업은 쉽지 않다.

왜냐하면 전해지는 신화는 다시 쓰이는 과정

에서 가이아문명의 신성을 왜곡시켰기 때문이다.
그래서 변질과 왜곡 속에 감추어진 가이아문명의
흔적은 재구성의 과정을 통해 더듬어나갈 수밖에
없다. 우선 대지모신 가이아의 탄생 과정을 담고
있는 B.C.700년경의 시인, 헤시오도스의 『신통기
(神統記)』의 기록을 토대로 작업을 진행하고자
한다. 신통기는 가이아의 탄생 과정을 이렇게 전하
고 있다.

> 태초에 **카오스**가 있었고, 그다음에는 넓은 젖가
> 슴을 지닌 가이아가 있었는데, 그 가이아는 눈 덮
> 인 올림포스 산과 넓은 길이 많아 나 있는 대지의
> 가장 깊은 곳, 칠흑같이 어두운 **타르타로스**에 거하
> 는 영생불멸하는 모든 신들의 든든한 처소였다.
> 그다음에 **에로스**가 생겼는데, 이 에로스는 영생불
> 멸하는 신들 중 가장 아름다운 신이었으며…
>
> – 『신통기』, 헤시오도스, 김원익 옮김, 민음사

대지모신 가이아를 중심으로 창세과정을 담
고 있는 이 짧은 글 속에서 어떻게 생명의 근원원
리와 생명계의 질서원리를 찾을 수 있을까? 먼저
첫 번째 창세과정에 담긴 생명의 근원원리를 찾아

보자. 태초에 카오스가 있었고 그다음에 넓은 젖가
슴을 가진 가이아가 있었다는 기록을 고려하면 가
이아는 카오스로부터 태어났다고 볼 수 있다. 카오
스는 번역하면 혼돈이다.

혼돈에서 태어난 가이아는 넓은 젖가슴을 가
진 가이아, 즉 생명을 탄생시키는 대지의 어머니로
서의 가이아다. 따라서 혼돈은 가이아를 탄생시키
고 젖가슴을 가진 대지모신으로 변화시킨 생명의
근원원리로서 위상을 가진다. 신통기에 기록된 창
세과정을 살펴보면, 혼돈에서 탄생한 대지모신 가
이아에 이어 에로스가 탄생한다. 가이아 다음에 제
시되는 에로스는 무엇일까? 생성문명의 창세과정
에서 생명의 근원원리를 밝힌 후 제시되는 창세질
서는 지구 생명계에 살아가는 생명체가 어떻게 스
스로 질서를 유지하는지에 대해 답해야 한다.

생성신화권이 생명계의 질서원리를 복희여와
도에 담고 있다는 점을 고려하면, 에로스는 바로
복희여와도에 담긴 창세질서를 의미한다고 해석
할 수 있다. 그런데 왜 신통기는 에로스를 영생불
멸하는 신 중 가장 아름다운 신이라 전할까? 에로
스는 사랑의 신으로 알려져 있다. 복희여와도가 생
명계에 참여하는 모든 생명체의 관계를 남녀 간의

110

관계로 표현하였듯, 신통기가 해석한 에로스 또한
남녀 간의 관계로 표현하였고, 다시 남성의 관점에
서 바라보는 아름다운 여성을 의미하는 '영생불멸
하는 신들 중 가장 아름다운 신'으로 에로스의 신
성을 표현했다고 추론할 수 있다. 이 문제는 5장에
서 다시 논하고자 한다. 이렇듯 신통기에 기록된
창세과정은 정복신화의 관점에서 변형되었음에도
불구하고, 생성문명과 공유하는 창세질서를 추론
할 수 있는 단서를 제공한다.

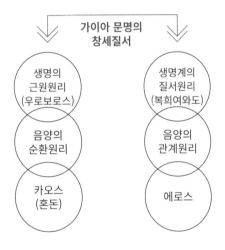

신통기에 기록된 창세과정을 생성신화권의
창세과정과 비교해보자. 혼돈은 가이아를 탄생시

킨 생명의 근원원리로서 인류가 공유하는 뱀 상징, 즉 우로보로스와 연결되며, 에로스는 생명계의 질서원리로서 생명체 간의 관계원리를 상징하는 신이라 볼 수 있다. 음양의 생성철학으로 해석하면 카오스는 음양의 순환원리와, 에로스는 음양의 관계원리와 이어진다. 그런데 남은 문제가 있다. 바로 칠흑같이 어두운 곳으로 표현된 타르타로스가 무엇을 의미하느냐는 것이다. 이제 타르타로스에 담긴 비밀을 풀어보자.

가이아의 자궁, '타르타로스'

타르타로스가 가이아의 창세과정에서 무엇을 의미하는지 찾기 위해서는 신통기에 기록된 타르타로스의 이야기를 다시 한번 살펴볼 필요가 있다.

대지의 가장 깊은 곳, 칠흑같이 어두운 타르타로스에 거하는 영생불멸하는 모든 신…

타르타로스는 대지의 가장 깊은 곳에 자리하며 영생불멸의 신들이 거하는 곳으로 전한다. 그렇다면 '대지의 가장 깊은 곳'은 무엇을 의미할까? 대지가 가이아를 의미한다면 타르타로스는 가이

아의 가장 깊은 곳이 된다. 신통기의 다른 기록은
타르타로스를 '대지(가이아)의 자궁', '가이아의 뱃
속 깊숙한 곳'이라 표현한다. 가이아의 뱃속 깊숙
한 곳이자 자궁이란 무엇을 의미하는 것일까? 가
이아의 자궁이란 상징적 표현이다. 대지모신인 가
이아가 대지에 생명을 품고 기르는 과정은 자신의
몸이 재생하는 과정이기도 하다. 그래서 가이아의
지궁이란 생명(가이아)의 재생을 담당하는 곳으로
서 생명의 근원을 의미한다.

　생성문명에서 천과 지의 관계는 모체와 자체
의 관계를 이룬다. 지의 모체인 천이 바로 생명의
근원이자 지의 자궁이다. 따라서 가이아(지)의 자
궁인 타르타로스는 천을 의미한다. 신화의 주요 개
념은 중의적이다. 타르타로스 또한 마찬가지다. 따
라서 타르타로스는 생명의 근원으로서의 천을 의

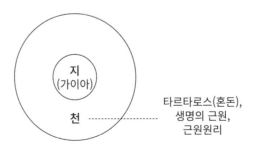

지
(가이아)

천 ------------ 타르타로스(혼돈),
생명의 근원,
근원원리

미함과 동시에 천의 원리로서 생명의 근원원리를 상징한다.

그렇다면 생명의 모체이자 근원인 타르타로스는 어떤 원리로 생명을 탄생시킨 것일까? 타르타로스에 담긴 신성원리는 타르타로스에 거하는 신들의 성격으로 알 수 있다. 타르타로스에 거하는 신들을 영생불멸하는 신이라 부를 수 있는 이유는 신들이 재생의 신성을 상징하기 때문이다. 이는 생명의 모체인 타르타로스에 담긴 생명을 생성시키는 원리가 재생원리임을 말하고 있다. 생명의 재생원리는 우로보로스의 원 형상으로 이어져 태극의 이원적 생성원리로 개념화된다.

신통기는 태초에 혼돈이 있었다고 전한다. 가이아를 탄생시킨 혼돈은 천의 생성원리로서 이원적 생성원리를 의미한다. 따라서 생명의 근원이자 근원원리로서 이원적 생성원리를 의미하는 타르타로스는 '혼돈'과 그 의미가 동일하다. 그래서 가이아의 창세과정은 <혼돈(타르타로스) – 가이아 – 에로스>의 순으로 재배치할 수 있다. 이제 혼돈의 신성을 부정하는 정복신화가 동일한 신성을 가진 타르타로스를 어떻게 변질시키는지 살펴보자.

지하 감옥으로 변질되다

타르타로스는 지하 감옥으로 변한 채 신화의 서사 곳곳에 등장한다. 우라노스는 하늘의 신으로 가이아의 자식이자 남편이다. 그런데 우라노스는 가이아와의 사이에서 낳은 자식을 지하 감옥 타르타로스에 가둬 가이아를 분노하게 만든다. 지하 감옥 타르타로스는 제우스가 전쟁에서 패배한 크로노스와 티탄 신족을 가둔 곳이기도 하며, 제우스와 마지막 전쟁에서 패한 거인 티폰이 감금된 곳이기도 하다. 가이아문명에서 제우스의 시대로 이행하는 과정에서 지하 감옥으로 변질된 타르타로스가 거듭 언급된다는 것은 역으로 타르타로스의 상징적 의미가 그만큼 크다는 것을 반증한다.

타르타로스는 어떤 과정을 거쳐 지하 세계의 감옥으로 변하였을까? 타르타로스가 지하 세계의 감옥으로 변하는 것은 생명의 모체로서 타르타로스(천)의 파괴를 의미한다. 타르타로스의 파괴 과정은 타르타로스(천)의 세계가 지구 생명계와 분리되어 이분화되는 과정으로 이루어진다. 아래 그림은 타르타로스가 천상의 세계와 지하의 세계로 이분화되는 과정을 담고 있다.

천과 지가 모체와 자체의 관계를 이루고 있는

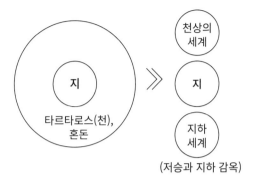

천상의
세계

지

지하
세계

(저승과 지하 감옥)

지

타르타로스(천),
혼돈

왼쪽 그림은 생성문명과 가이아문명에서 바라보는 천과 지구 생명계의 관계를 보여준다. 오른쪽 그림에는 정복신화가 타르타로스(천)를 지와 분리시켜 천상과 지하 세계로 이분화시키는 과정이 담겨 있다. 정복신화는 혼돈의 질서를 무질서로 규정하고 새로운 질서를 제시한다. 새로운 질서를 확립하는 과정은 혼돈한 세계에 섞인 대립되는 두 질서를 분리하여 다른 세계로 이분화하는 과정으로 이어진다. 그래서 혼돈한 세계는 천상과 지하의 세계로 이분화된다. 이 과정에서 죽음의 지하 세계에 재배치된 타르타로스는 사후의 세계조차 하데스(저승의 신)에게 내주고, 더욱더 깊은 형벌의 감옥으로 전락한다.

삶과 죽음의 세계가 분리되다

정복신화는 타르타로스를 파괴하는 과정에서 불멸의 신성이 사는 천상의 세계와 죽음의 지하 세계를 만든다. 그런데 변질되기 전 타르타로스에 거하던 신성의 불멸성과 새로 만들어진 천상의 세계에 사는 신들의 불멸성은 그 의미가 다르다. 타르타로스에 거하던 신들의 불멸성은 재생의 순환원리에 의해 뒷받침되지만 천상의 세계에 거하는 신들의 불멸성은 재생의 의미가 사라진 직선적 시간의 영원성을 의미하기 때문이다.

이렇듯 삶과 죽음이 하나로 통합되어 생명을 재생하던 타르타로스(천)의 신성은 영원한 삶과 영원한 죽음의 세계로 이분화된다. 이 과정에서 영생불멸하는 재생의 신성이 거하던 타르타로스는 재생의 신성이 거세된 채로 영원히 빠져나올 수 없는 어두운 지하 감옥으로 변질된다. 그리고 영원한 삶을 사는 천상의 세계와 영원한 죽음의 지하 세계라는 관념은 후에 천국과 지옥이라는 관념으로 이어진다.

빛과 어둠의 세계가 분리되다

　대지의 가장 깊은 곳, 칠흑같이 어두운 타르타로스에 거하는 영생불멸하는 모든 신⋯

　신통기는 왜 타르타로스를 칠흑같이 어두운 곳으로 표현하였을까? 타르타로스는 이원적 생성원리를 상징하는 혼돈과 신성을 공유한다. 생성신화권에서는 혼돈의 신성을 검을 현(玄)으로 표현한다. 천자문은 하늘은 검고 땅은 누르다는 천지현황(天地玄黃)이란 문장으로 시작한다. 천자문의 첫 문장 첫 글자는 생명의 근원인 천으로 시작하고 이어지는 천의 신성을 검을 현(玄)으로 표현한다. 여기서 검다는 의미는 빛과 반대되는 어둠이 아닌 빛과 어둠이 하나로 통합된 상태를 의미하며 인간의 감각적 인식으로 분별하기 어려운, 생명의 근원원리를 상징하는 끝을 알 수 없는 그윽한, 신비로움이라는 의미가 담겨 있다.

　생성문명에서 빛과 어둠의 질서는 음양철학의 어원이 양지와 음지에 있듯 중요한 상징성을 가진다. 천은 삶과 죽음의 질서처럼 빛과 어둠의 질서 또한 이분화되지 않은 세계다. 빛과 어둠의 질서는 삶과 죽음의 질서처럼 서로 대립하지만 하나로 만나 생명을 생성시키기 때문이다. 그런데 타르타로스의 검음을 칠흑같이 어두운 곳으로 해석한 신통기의 관점은 빛과 어둠이 하나였던 천의 세계를 영원한 빛의 세계인 천상의 세계와 영원한 어둠의 세계인 지하 세계로 이분화하는 데로 이어진다. 이제 삶과 죽음처럼 빛과 어둠 또한 더 이상 하나로 만날 수 없게끔 분리된 세계 속에 영원히 갇힌다.

이렇듯 생명의 근원인 타르타로스가 파괴되는 과정은 생명의 신성이 파괴되는 과정을 담고 있고 생명의 신성이 파괴되는 과정은 이원적 생성원리로서 생명의 신성질서가 이분화되는 과정으로 이어진다. 그래서 혼돈한 이원적 생성원리를 부정한 정복신화의 질서원리는 삶과 죽음, 빛과 어둠의 이분화를 넘어, 생명의 생성에 관여하는 모든 질서의 이분화로 확장되어 생명의 가치를 이분화하는 이분법적 세계관으로 귀결된다.

천상의 신들이 신성주권을 독점하다

가이아문명의 타르타로스는 생명의 대립되는 두 질서가 하나로 통합된 혼돈의 신성이다. 혼돈의 신성인 타르타로스가 파괴되는 과정은 혼돈의 여신 티아마트가 살해되는 과정에 담긴 상징적 의미와 서로 이어진다. 혼돈의 여신 티아마트는 용으로 변신한 뒤 영웅 마르두크에게 살해당하고, 마르두크는 살해 된 용의 사체로 생명의 대지를 만든다. 마르두크가 혼돈의 신성을 상징하는 용(뱀)의 사체로 어떻게 세계를 창조하는지 다시 한번 살펴보자

　　거대한 용의 몸을 둘로 찢어 한쪽을 머리 위에 두어 하늘로 삼고 또 한쪽은 바닥에 눕혀 땅으로 삼았다.

　마르두크가 용의 사체를 둘로 나누어 하늘과 땅을 만든다는 서사는 정복신화가 타르타로스를 파괴하고 천상의 세계와 지하의 세계를 만든다는 서사와 겹쳐진다. 비록 땅과 지하 세계의 의미는 다르지만, 혼돈의 신성을 파괴하고 이분화한다는 본질적 의미는 동일하다. 그리고 용의 몸이 이분화되는 과정에서 용의 신성에 담긴 생명의 신성주권은 용을 살해한 주체로 옮겨진다. 마찬가지로 혼돈의 신성을 상징하는 타르타로스가 파괴되는 과정에서 타르타로스(천)의 신성을 대체하는 새로운 신들의 세계가 탄생한다. 바로 제우스를 비롯한 올림포스 신족이 거하는 천상의 세계다. 천상의 신들이

탄생하는 과정은 생명의 신성주권이 타르타로스를 파괴한 정복권력의 신성인 천상의 신들에게 옮겨지는 과정이기도 하다. 타르타로스의 파괴와 함께 새로운 천상의 세계가 열린다는 문명사적 의미는 용으로 변신한 혼돈의 여신이 살해되는 과정과 이어질 뿐 아니라, 아폴론이 신탁의 뱀을 살해하고 새로운 신성의 주체가 되는 과정과도 이어진다. 신전을 지키는 거대한 뱀의 살해는 보편적 생명의 신성주권이 아폴론(올림포스 신족)으로 상징되는 정복권력의 신성으로 옮겨감을 의미하기 때문이다. 이렇듯 이원적 생성원리의 '이원' 개념과 이분법적 세계관의 '이분' 개념의 차이에 담긴 본질은 대립하는 생명의 두 질서와 가치를 통합적으로 인식하는가 아니면 이분화하는가 라는 사유 방식의 차이에만 있지 않다.

이원성과 이분화에 담긴 본질적 의미는 생명의 자율적 생성질서를 긍정하는가, 부정하는가의 문제이며, 생명의 신성을 긍정하는가, 부정하는가의 문제로서 궁극적으로는 신성주권의 문제로 귀결된다. 이제 타르타로스의 변질이 정복신화의 서사 곳곳에 어떻게 반영되고 있는지 살펴보자. 타르타로스는 순환과 재생의 신인 시간의 신과 이어진다. 그렇다면 정복신화에서 시간의 신은 어떤 운명을 맞는지 살펴보자.

시간의 신, 크로노스의 패배는 무엇을 의미할까

크로노스는 대지모신인 가이아와 하늘의 신 우라노스 사이에서 태어난 거인족으로, 티탄 열두 신의 막내이자 시간의 신이다. 인류의 신화가 우로보로스를 신성한 상징으로 공유했다는 것은 가이아문명 또한 생명의 근원원리를 우로보로스에 담긴 재생원리로 공유했음을 뜻한다. 따라서 시간의 신, 크로노스는 생명의 근원원리로서 재생의 원리를 상징하는 신으로 볼 수 있다.

신통기의 저자 헤시오도스는 그의 또 다른 책 『일과 날』에서 크로노스를 불사의 신과 필멸의 인간 모두를 풍요롭게 하는 황금시대의 통치자로 기록했다. 시간의 신이 통치하던 황금시대란 어떤 세계를 의미할까? 생성문명에서 시간의 신이란 생명을 재생시키는 신성을 의미한다. 재생의 신성은 우로보로스에 담긴 이원적 생성원리를 상징하는 혼돈의 신성으로 이어진다. 따라서 크로노스가 통치하는 황금시대에 살아가는 인간의 삶은, 생명의 원리에 따라 살며 춤추고 노래하는 혼돈의 삶과 만난다. 그래서 크로노스가 통치하던 세계를 불사의 신과 필멸의 인간 모두를 풍요롭게 하는 황금시대로 칭했다고 볼 수 있다.

제우스는 어떤 이유로 아버지인 크로노스와 전쟁을 벌이게 되었을까? 이는 크로노스가 자신의 자식을 태어난 직후 바로 삼켜버렸기 때문이다. 크로노스가 자식을 삼켰다는 정복신화의 서사에는 어떤 의미가 담겨 있을까? 후에 크로노스는 제우스에 의해 삼켰던 자식을 모두 토해내는 것으로 보아, 자식을 자신의 뱃속에 가두었다고 볼 수 있다. 자식을 뱃속에 가두었다는 것은 재생의 신성인 크로노스가 이제는 재생할 수 없는 죽음의 신성으로 변질되었음을 의미한다.

그래서 크로노스가 자식을 자신의 뱃속에 가두었다는 신화의 서사에 숨겨진 의미는 삶과 죽음의 질서가 하나로 통합된 혼돈의 신성인 타르타로스가 재생할 수 없는 죽음의 지하 감옥으로 변질되는 과정과 같은 맥락에 놓여 있음을 알 수 있다. 시간의 신, 크로노스의 최후는 의미하는 바가 크다. 왜냐하면 제우스에게 패한 크로노스는 더는 재생할 수 없는 지하 감옥 타르타로스에 유폐 당하기 때문이다.

끝없는 시간의 감옥

타르타로스와 시간의 신에 담긴 재생원리를 유폐된 감옥의 이미지를 덧씌워 생성문명의 신성을 부정하는 과정은 또 다른 신화의 서사에서도 반복된다. 신성 모독죄로 타르타로스에 갇힌 익시온은 영원히 멈추지 않는 불타는 수레바퀴에 매달리는 형벌에 처해진다. 영원히 멈추지 않는 수레바퀴는 어떤 상징을 담고 있을까? 시시포스 또한 신들을 속인 죄로 한번 갇히면 결코 빠져나올 수 없는 음침하고 우울한 타르타로스에 감금된다.

시시포스에게 내려진 형벌은 무거운 바위를 산 위로 밀어 올리는 것이다. 그러나 힘들게 바위를 굴려 산 정상에 올려 놓아도 아침이 되면 바위는 다시 산 아래로 굴러떨어진다. 시시포스에게 가해진 형벌의 고통은 멈춤 없이 반복된다. 멈추지 않고 불타는 수레바퀴에 매달린 익시온의 형벌과 시시포스의 형벌은 무엇을 상징하고 있을까? 두 형벌은 끝이 없는 영원한 것이며, 그 영원성은 반복의 형태로 취한다. 또한 두 형벌은 모두 순환의 양상을 띠고 있다. 그래서 불타는 수레바퀴에 매달린 익시온의 형벌과 바위를 다시 정상으로 밀어 올리는 시시포스의 형벌은 '반복과 순환의 무한성'을 상징한다는 점에서 다르지 않다.

불타는 수레바퀴는 바로 재생의 순환원리를 뜻하는 타르타로스의 상징물로 해석할 수 있다. 재생의 순환원리는 이원적 생성원리로서 정복신화의 관점에서는 혼돈한 악의 원리를 상징하기에, 순환원리를 상징하는 수레바퀴는 형벌의 도구로 전락하고 만 것이다. 정복권력은 형벌을 통해 생성문명의 신성을 따르고자 하는 이들에게 역으로 그들이 따르고자 한 신성이 얼마나 덧없고 무의미한가를 보여주는 것을 넘어, 인간에게 가이아문명의 신성에 대한 기억을 고통스런 형벌의 기억으로 각인시키고자 한 것이다.

프로메테우스는 왜 간을 쪼일까

타르타로스에 가해진 신화의 상징조작 흔적은 또 있다. 프로메테우스는 제우스가 감춘 불을 훔쳐 인간에게 준 죄로 코카서스 산 절벽의 바위에 쇠사슬로 묶여, 날마다 제우스가 보낸 독수리에게 간을 쪼여 먹히는 형벌에 처해진다. 간을 쪼이는 형벌의 이야기는 다른 곳에도 등장한다. 바로 여신을 욕보인 죄로 타르타로스에 갇혀 온몸을 묶인 채 비명을 지르며 독수리에게 간을 쪼이는 티티오스의 이야기가 그것이다.

　　형벌의 내용이 인간 몸의 중심으로 생각되는 심장이 아닌 간인 이유는 간이 그만큼 인류의 신화에서 중요한 신화적 상징성을 지니기 때문이다. 한국의 전통 설화에서도 용왕은 토끼의 간이 필요하고, 토끼는 자신의 간을 지키기 위해 고군분투한다. 구미호 설화에서도 구미호는 인간의 간을 노린다. 그렇다면 간을 쪼이는 정복신화의 형벌에는 어떤 신화적 상징이 담겨 있을까?

　　독수리에게 간을 쪼이는 프로메테우스의 형벌은 영원히 지속되는데, 이는 밤이 되면 간이 다시 회복되기 때문이다. 간은 인간의 인체에서 가장 빠른 재생을 보이는 장기이다. 그래서 생성문명에서 간은 허물을 벗고 재생하는 뱀과 동일한 생명의 재생력을 상징한다. 뱀과 간은 모두 죽음에서 재생하는 생명의 근원원리인 타르타로스와 이어진다. 그래서 간을 쪼이는 형벌에 담긴 의미는 재생을 상징하는 뱀과 타르타로스를 부정하는, 정복신화의 일관된 관점으로 해석이 가능하다.

　　불을 인류에게 가져다준 프로메테우스는 바로 가이아의 후손인 거인족이다. 정복권력이 재생의 순환원리를 형벌로 저주하였듯이 거인족 프로메테우스에게도 '재생의 신성'을 상징하는 간을 쪼이는 형벌을 내린다. 정복권력은 정복신성의 질서에 대항하는 반역자들에게 가이아의 신성을 모욕함으로써 신성의 흔적을 지우려 했다고 볼 수 있다.

타르타로스와 에로스

지금까지 정복신화가 타르타로스에 담긴 재생의 순환원리를 어떻게 변질시키고자 했는지를 살펴보았다. 이제 타르타로스와 함께 창세질서의 또 다른 축을 구성하고 있는 에로스에 대해 살펴보고자 한다. 에로스가 타르타로스를 바탕으로 한 생명계의 질서원리를 의미한다는 점을 고려해 보면, 근원원리로서 타르타로스의 변질은 곧 에로스의 변질로 이어질 수밖에 없다. 이제 정복신화의 서사에서 에로스를 상징하는 신성을 찾아보고 그 신성이 어떻게 변질되는지 밝혀보자.

생성문명에서 생명계의 질서원리를 상징하는 신화적 상징은 하반신이 뱀인 남녀의 형상이나 두 마리의 뱀이 서로 꼬인 형상으로 전승되며, 생성신화권에서는 복희여와도로 전승된다. 따라서 생성문명의 신성을 공유하는 가이아문명에서도 복희·

여와처럼 에로스를 상징하는 형상이 존재한다고 추론할 수 있다. 그런데 그리스신화에서도 복희·여와의 신성과 형상 그리고 관계 양상까지 유사한 남녀신이 있다. 바로 티폰과 에키드나다.

티폰은 제우스와 마지막 전쟁을 벌인 거인이자 가이아가 낳은 자식 중에서 가장 크고 힘이 강한 거인족이다. 키가 하늘에 닿을 정도로 크며, 양팔을 벌리면 동쪽 끝과 서쪽 끝에 닿았다고 전한다. 티폰과 짝을 이루는 에키드나는 '살무사의 여자'로 불리며, 신탁소를 지키다 아폴론에게 살해당한 거대한 뱀 피톤의 여성화된 존재로 해석되기도 한다. 티폰과 에키드나의 상반신은 인간 남녀의 모습이지만 하반신은 뱀의 형상을 공유하고 있다. 티폰과 에키드나를 복희와 여와에 대응하는 이유는 단순히 외적 형상만이 닮아서만은 아니다. 바로 티폰과 에키드나의 부모가 지닌 신성의 성격 때문이다.

티폰과 에키드나의 부모는 타르타로스와 가이아다.(에키드나의 부모에 대한 다른 설도 있으나 티폰의 부모와 동일하게 보는 설이 유력하다) 신화의 신성이 의인화된 신으로 표현되는 것처럼, 타르타로스 또한 의인화되어 신화에 등장하기도 한다. 티폰과 에키드나의 부모가 타르타로스와 가이아라는 것은 두 인물이 복희·여와와 동일한 신화적 위상을 가진 인물로 해석할 수 있는 또 다른 중요한 근거이다.

복희여와도에서 복희와 여와는 창세신의 위상과 함께 생명체를 상징하는 두 가지 위상을 갖는다. 창세신의 위상으로서 여와는 대지모신을, 복희는 생명의 근원원리를 상징하는 신이다. 티폰과 에키드나의 부모는 복희·여와의 창세신으로서의 신성을 그대로 이어받는다. 어머니 가이아가 대지모신이라면 아버지 타르타로스는 생명의 근원원리를 상징하는 신이기 때문이다. 그래서 창세신으로서 복희·여와의 신성을 티폰과 에키드나는 부모의 신성을 물려받는 형식으로 서사화하였다고 해석할 수 있다.

다른 관점에서 살펴보면, 가이아의 창세과정이 <타르타로스 – 가이아 – 에로스(가이아의 질서원리)>로 이어진다고 볼 때, 에로스의 혈연 계보는 가이아와 타르타로스에 닿아있다. 그래서 가이아와 타르타로스 사이에서 태어난 티폰과 에키드나가 복희·여와처럼 에로스를 상징하는 신으로 해석할 수 있다. 그리고 남매로 태어난 티폰과 에키드나는 부부가 되는데, 남매이자 부부로 연을 맺은 것도 복희·여와와 다르지 않다. 그렇다면 정복신화에서 티폰과 에키드나의 운명은 어떻게 되었을까? 티폰과 에키드나의 자식들을 살펴보면, 거대한 물뱀 히드라와 전설의 괴물 키마이라 등 모두 뱀 형상을 한 괴물들이다. 그래서 에키드나는 '괴물들의 어머니'라고도 불린다.

타르타로스의 신성이 형벌의 감옥으로 변질되었듯이, 에로스를 상징하는 티폰과 에키드나 또한 괴물을 번식시키는 역할로 변질된다. 이후 에키드나는 여신 헤라의 명으로 괴물 아르고스에게 죽임을 당하고, 티폰은 제우스와의 마지막 전쟁에서 패해 땅속 가장 깊은 곳에 있는 타르타로스에 감금당함으로써 자신들의 역사를 마감한다.

티폰과 에키드나는 부모인 가이아와 타르타로스처럼 자신들의 신성 또한 변질되어 끝내 티폰은 아버지를 상징하는 지하 감옥 속에 영원히 유폐된다. 문명사에서 생명의 신성에 대한 부정은 필연적으로 에로스의 파괴로 이어진다. 생명의 근원원리인 타르타로스의 파괴는 개별 생명체의 신성 파괴로 이어지고, 개별 생명체의 신성 파괴는 생명체의 관계원리로서 에로스의 파괴로 이어질 수밖에 없기 때문이다.

새로운 문명은 어떤 문명을 의미할까

정복신화가 생성문명의 신성한 상징인 거인과 용, 그리고 혼돈을 부정하고 새로운 문명의 시대를 열었다면, 그 새로운 문명은 인류 역사에서 어떤 문명을 의미할까? 바로 가부장문명이다. 가부장문명의 본질은 생명의 신성을 부정하는 차별의 문명이며, 이는 정복신화의 세계관과 닿아있다. 인류의 문명은 거인과 뱀, 그리고 혼돈을 신성시한 생성문명과 함께 가부장문명의 역사 또한 공유하고 있다.

가부장문명이 문명의 질서를 재구성하는 과정에서 신성을 규명하는 신화 또한 다시 쓰인다. 따라서 태초에 쓰인 신화를 생성문명의 신성을 밝히는 생성신화라 부른다면, 다시 쓰인 신화는 가부장문명의 신성을 밝히는 가부장신화라 부를 수 있다. 그래서 인류의 신화는 두 번 쓰인다. 인류는 생성신화를 공유하며, 다시 쓰인 가부장신화 또한 공유한다. 한국을 포함한 생성신화권의 역사 또한 예외가 아니다. 한국의 신화를 살펴보면 다시 쓰인 가부장신화가 건국신화란 이름으로 전승되고 있음을 알 수 있다. 건국신화의 건국이란 가부장 국가를 의미하며, 건국신은 가부장 국가의 통치자를 의미한다. 이렇듯 생성신화권 또한 생성문명의 신성을 부정하는 새로운 신화가 다시 쓰이고, 현실의 역사 또한 미륵의 꽃을 훔친 석가가 통치하는 타락한 가부장문명의 역사를 공유한다. 그렇다면 한국의 신화 원형도 정복신화권처럼 가부장 신화에 뿌리를 두고 있다고 해석하는 것이 타당할까?

인류문명이 생성문명에서 가부장문명의 역사로 변화했다는 점은 동일하지만, 그렇다고 해서 인류의 세계관과 문화정체성이 모두 동일한 것은 아니다. 인류의 종교문화가 서로 다르듯, 문화정체성을 형성하는 세계관 또한 신화권마다 다르기 때문이다. 서구를 정복신화권이라 명하는 이유는 서구문명이 가부장문명으로 이행하는 과정에서 가이아문명의 세계관을 부정하고, 정복신화의 세계관을 받아들여 이를 바탕으로 종교와 철학을 발전시키며 문화적 정체성을 형성해 현재에 이르기 때문이다.

반면에 한국의 신화를 생성신화권으로 분류하는 이유는 한국의 문화가 생성문명의 세계관에 뿌리를 두고 있기 때문이다. 가부장문명의 역사는 철학과 문화를 왜곡시킬지언정 철학과 문화의 뿌리인 세계관 자체를 바꾸지는 못하였으며, 한국문

132

화는 가부장문명의 역사 속에서도 생성의 세계관을 바탕으로 문화정체성을 형성했다. 한국문화가 생성문명의 세계관을 계승하고 있다는 것과 처한 역사적 현실은 다른 문제다. 한국인이 살아온 현실역사 또한 꽃을 꺾어 훔친 석가가 통치하는 세계였으며, 저절로 꽃피우는 미륵의 세계관이 기억에서조차 희미해진 지금은 정복신화의 세계관이 한국인의 의식을 지배하고 있다. 그래서 한국의 세계관을 모색하는 길은 잃어버린 미륵의 꿈을 기억에서 되살리는 것에서부터 시작될 수밖에 없다.

인류가 생성문명의 신화적 상징을 공유했다는 것은 인류가 태초에 같은 꿈을 꾸었다는 것을 의미한다. 그리고 가부장문명의 역사 속에서 신성을 잃어버린 인류의 현재 모습 또한 서로 다르지 않다. 그래서 한국인이 저절로 꽃 피우는 세계관을 기억에서 되살리는 여정은 보편적 인간의 신성주권을 회복하는 문제로서 인류가 함께 꿈꾸었던 기억을 되살리는 여정이기도 하다. 이렇듯 한국문화가 미래를 향해 꾸는 꿈은 더 이상 한국인만의 꿈이 아닌 인류의 꿈일 수밖에 없다.

3장.
신화와
영웅서사
I

왜_____

_____ 용은 _____

황금을 _____

_____ 품고 있는가

신과 영웅

앞선 장에서 창세신화의 세 가지 중심 상징을 통해 생성신화권과 정복신화권의 신성과 세계관이 어떻게 다르며, 그 차이의 본질은 무엇인지를 살펴보았다. 이번 3,4장에서는 신화 영웅들의 이야기를 논하고자 한다. 신화는 크게 창세신화와 영웅신화로 구분할 수 있다. 창세신화는 신이 세계를 창세하는 과정을 담고 있으며, 이 과정에서 드러난 창세주체와 원리를 통해 신성의 성격을 드러낸다면, 영웅신화는 영웅을 통해 현실 세계에서 창세신화에서 제시된 신의 뜻이 실현되는 길을 제시한다. 그런 점에서 영웅은 신의 뜻을 지상에 전하는 신의 대리자로서 사제와 동일한 위상을 가진다.

　창세신화는 생성신화 – 정복신화 순으로 논했다. 정복신화를 나중에 분석한 이유는 정복신화가 원 문명인 생성문명을 정복하는 과정에서 다시 쓰인 신화이기 때문이다. 그러나 영웅신화는 반대로 정복신화 – 생성신화 순으로 논하고자 한다. 영웅신화의 비교 순서 또한 이야기가 형성된 역사적 순서에 따라 구성하였음을 미리 밝힌다. 그래서 정복신화권의 신화 영웅을 먼저 살펴보고, 다음 장에서 생성신화권에 속한 한국의 신화 영웅들을 만나보고자 한다.

헤라클레스의 열두 가지 과업은 무엇인가?

　정복신화에는 수많은 영웅이 존재한다. 그중에서도 신의 뜻을 가장 모범적으로 수행한 그리스 신화 속 영웅인 헤라클레스를 중심으로 이야기를 전개해보자. 제우스의 아내 헤라는 남편 제우스와 다른 여자 사이에서 태어난 헤라클레스를 용납하기 어려웠다. 그래서 헤라는 헤라클레스가 태어났을 때 그를 살해하기 위해 두 마리의 뱀을 보냈으나, 어린 헤라클레스는 뱀을 맨손으로 붙잡아 죽이는 영웅적 면모를 유감없이 보인다. 비록 여신의 노여움 속에 출생했지만, 아버지 제우스신의 도움으로 사자를 퇴치하는 훌륭한 무인으로 성장한 헤라클레스는 마침내 아내를 맞이한다.

그러나 계속되는 여신의 저주로 정신착란을 일으켜 스스로 자신이 낳은 자식마저 죽이게 된다. 결국, 헤라클레스는 헤라의 저주를 풀기 위해 길을 떠난다. 영웅은 시련을 극복한 자이다. 그런데 시련의 성격은 신화마다 다르다. 헤라클레스의 시련은 바로 여신 헤라의 저주에서 비롯된다. 그렇기에 헤라클레스의 여정은 자신의 저주를 푸는 데 있지만, 신화에 담긴 궁극적 의미는 저주를 푸는 과정에서 신의 뜻을 밝히는 데 있다. 헤라클레스의 이름이 "헤라의 영광"을 뜻하는 이유가 여기에 있다. 이제 헤라클레스가 신의 영광을 드러내기 위해 해결해야만 했던 문제들이 어떤 것인지 살펴보자. 여신 헤라의 저주를 풀고 불사의 영웅이 되기 위한 수행 과제는 흔히 "헤라클레스의 열두 과업"이라 불린다. 열두 과업의 내용은 이러하다.

1. 네메아 계곡의 괴물 사자를 물리치는 일
2. 아홉 개의 뱀 머리를 가진 괴물 히드라를 물리치는 일

3~9. 멧돼지와 사슴, 사나운 괴물 새, 크레타의 황소, 사람을 잡아먹는 네 마리의 말, 괴물 게리온이 소유한 소, 그리고 저승을 지키는 개를 산 채로 각각 사로잡는 일

10. 아우게우스 왕의 가축우리를 청소하는 일

11. 아마존 여왕의 허리띠를 탈취해 오는 일

12. 석양의 정령들이 용 라돈과 함께 지키는 동산에서 황금사과를 따오는 일

헤라클레스가 신의 영광을 드러내기 위해 수행하는 열두 과업에는 어떤 의미가 담겨 있을까? 영웅은 여정에서 숱한 문제를 만나고 그 문제를 해결하며 길을 간다. 영웅신화는 영웅의 행적을 통해 신의 뜻을 실현하는 과정에 장애가 되는 문제의 본질이 무엇인지 그리고 어떻게 해결하는지에 대한 답을 제시한다. 그런 점에서 헤라클레스의 과업은 정복신화가 바라보는 신성의 실현을 가로막는 현실 세계의 문제가 무엇인지를 밝히며, 동시에 그 문제를 어떻게 해결하는지에 대한 방법을 제시하고 있다.

헤라클레스의 열두 과업의 중심에는 히드라를 비롯한 여러 괴물의 퇴치가 중심을 이룬다. 신

성의 실현자인 영웅의 행적 대부분이 괴물 퇴치라
는 점은 무엇을 의미할까? 이는 신성의 실현 과정
에서 발생하는 문제의 중심에 괴물이 있고, 그 괴
물을 퇴치하는 것이 바로 문제 해결의 방법이자 신
의 뜻을 실현하는 길임을 의미한다. 이제 괴물을
물리치는 그리스 신화의 또 다른 영웅 페르세우스
를 만나보자.

메두사의 목을 벤 영웅, 페르세우스

페르세우스가 영웅이 되기 위한 중심 과제는
괴물 메두사를 죽이는 것이다. 눈이 마주치기만 해
도 몸을 돌처럼 굳게 만드는 위력적인 메두사를 처
치하기 위해 페르세우스는 전쟁과 지혜의 여신 아
테나의 도움을 받는다. 하늘을 날 수 있는 날개 달
린 신발과 투명투구, 그리고 어떤 칼이든 막을 수
있는 방패와 어떤 방패든 뚫을 수 있는 칼을 얻은
페르세우스는 청동 방패를 통해 메두사의 모습을
확인하고, 메두사의 머리를 베었다. 그리고 페르세
우스는 메두사의 목을 아테나 여신에게 바친다.

이렇게 해서 메두사의 목은 그토록 자신을 증
오하던 아테나 여신의 방패 장식이 되어, 죽어서도
그녀의 방패 속에서 여신의 권위와 용맹을 상징하

는 상징물이 된다. 두 영웅의 업적은 괴물 퇴치라는 특성을 공유한다. 그렇다면 괴물의 정체는 무엇일까? 정복신화에서 괴물은 모두 가이아문명이 신성시한 대지의 생명과 생명력을 상징한다. 그리고 그 괴물의 중심에는 히드라와 메두사가 있다. 히드라는 아홉 개의 뱀 머리를 가진 괴물 형상이고, 메두사는 머리카락 한 올 한 올이 실뱀인 괴물이다. 둘 다 뱀의 형상을 공유하고 있다. 두 영웅이 퇴치하는 괴물의 중심에는 뱀 형상을 한 괴물이 있고, 뱀 형상의 괴물은 용의 형상으로 이어진다.

드래곤 슬레이어

정복신화의 전형적 영웅은 용을 퇴치한 자, 용을 정복한 자, 용을 살해한 자라는 의미의 '드래곤 슬레이어'다. 드래곤 슬레이어로서 영웅의 행적은 신화와 전설, 그리고 서사 문학의 중심에 위치한다. 게르만 영웅 서사시의 주인공 베오울프는 거인 괴물 그란델을 물리치고 마침내 왕의 자리에 오르며, 말년에는 왕국에 침입한 화룡을 물리치고 영원한 영웅의 반열에 오른다. 드래곤 슬레이어라 불리는 또 다른 영웅으로는 '성 조지'가 있다. 성 조지는 기독교의 7대 영웅 중 한 사람으로, 서기 303

년에 순교한 영국의 수호성인이다. 성 조지의 방패에는 악마의 화신인 용을 죽인 자를 상징하는 드래곤이 그려져 있고, 창에는 흰 바탕에 붉은 십자가가 그려진 깃발이 달려 있다. 지금도 영국은 매년 4월 23일을 '성 조지의 날'로 기념하며, '드래곤 슬레이어'는 국가적 영웅이자 성자로서 자리매김하고 있다.

용을 정복한 영웅을 기리는 의식의 기원에는 기원전 590년경부터 4년마다 델포이에서 거행되어 온 예술과 스포츠의 향연인 피티아 제전이 자리한다. 피티아 제전은 신탁을 지키던 거대한 뱀 피톤을 살해하고 아폴론이 새로운 신탁의 주인이 됨을 기념하는 날이다. 뱀과 용은 동일한 상징성을 지닌다. 정복신화권의 창세신화는 거인과 뱀을 정복대상으로 삼지만, 영웅신화는 용 정복이 중심 서사를 이룬다. 이것은 생성문명의 원형으로서 뱀 상징이 먼저 자리를 잡았고 이후 뱀 상징을 바탕으로 상상의 동물인 용이 만들어졌음을 의미한다.

또한 정복신화의 정복대상이 <거인족 – 뱀 상징 – 용>으로 변하고 있음을 보여줌과 동시에, 용을 정복하는 영웅 서사가 정복신화권의 문화원형으로 자리 잡았음을 뜻한다. 뱀과 마찬가지로, 용은 본성이 혼돈하다는 명분으로 살해당한다. 그렇다면 명분 뒤에 감추어진 궁극의 목적은 무엇일까? 정복영웅이 용을 살해한 진정한 목적은 따로 있다. 이제 용의 살해 뒤에 숨은 진짜 목적을 찾아보자.

황금을 품고 있는 용

정복신화의 영웅 서사에서 중심을 차지하는 첫 번째 모티브가 드래곤 슬레이어라면, 두 번째 모티브는 바로 황금이다. 헤라클레스의 열두 번째 과업은 신들의 정원에서 황금 사과를 훔쳐 오는 일이다. 『신들의 계보』에 의하면 제우스의 형벌을 받아 하늘을 떠받치는 아틀라스 옆에는 황금 사과가 있는 신들의 정원이 자리하며, 백 개의 눈이 있는 용 라돈이 황금 사과를 지키고 있다. 헤라클레스는 황금 사과를 따오라는 과제를 받고는 아틀라스를 이용해 황금 사과를 손에 넣는다.

또 다른 이야기로는 헤라클레스가 직접 용을 죽이고 황금 사과를 가져왔다고 한다. '용이 지키는 황금'의 모티브는 그리스 신화에 다시 등장한다. 황금의 양 모피를 찾아 떠나는 젊은 용사들이 바로 그것이다. 이아손은 모험을 좋아하는 그리스 젊은이들을 여행에 초청해 스스로 이들을 지휘하는 사령관에 오른다. 아르고라는 배를 타고 황금 모피를 찾아 떠난 이들의 여정에는 영웅 헤라클레스와 테세우스도 함께하고 있었다. 성스러운 숲의 떡갈나무에 걸린 황금 모피를 잠들지 않는 용이 지키고 있었지만, 이아손은 왕녀 메데이아의 마법으로 용을 퇴치하고 황금의 양 모피를 손에 넣을 수 있었다. 그렇다면 용이 지키는 황금에는 어떤 의미가 담겨 있을까?

황금반지의 비밀

용과 황금에 얽힌 가장 유명한 이야기는 북유럽신화의 황금을 만드는 마법 반지에 관한 이야기다.

신족인 오딘과 로키 일행은 여행 중 강가에 앉아있는 수달을 잡아 가죽을 벗긴다. 날이 저물어 일행은 근처 농장에 들렀고, 주인에게 앞서 잡은 수달 가죽을 자랑한다. 그런데 그 수달은 농장주의 아들의 변신체였고, 농장주는 일행에게 아들의 목숨 값으로 가죽을 덮을 만큼의 황금을 요구한다. 이에 로키는 폭포 속에 사는 난쟁이로부터 황금과 황금을 만드는 반지를 빼앗는다. 반지를 빼앗긴 난쟁이는 이제부터 반지를 소유한 자는 모두 죽을 것이라고 저주한다. 이렇게 이야기는 저주받은 반지를 둘러싸고 벌어지는 인간의 다툼으로 전개된다. 농장주의 두 아들은 황금에 대한 자기들의 몫을 요구했으나, 농장주인 아버지가 거절하자 한 아들이 아버지를 죽이고 황금과 반지를 갖고 동굴 속으로 도망가 용으로 변신하여 숨어 버린다. 이에 격분한 또 다른 아들은 지구르트(지크프리트)와 손잡고, 변신한 용을 죽이고 황금과 반지를 차지한다…

　– 『게르만신화와 전설』, 라이너 테츠너, 성금숙 옮김, 범우사

　북유럽신화에서도 황금과 황금을 만드는 반지는 용이 품고 있고, 영웅은 용을 살해하고 황금과 반지를 빼앗는다. 이야기는 이렇게 반지를 둘러싼 싸움과 함께, 종국에는 반지를 차지한 모든 자의 파멸로 막을 내린다. 황금을 만드는 반지가 절대권력을 상징하게 된 이유는 물질적 부의 독점이 권력의 독점으로 이어지기 때문이며, 절대권력이 황금으로 상징되는 물질적 부의 독점에서 비롯하기 때문이다.

황금의 주인은 누구인가

북유럽신화에서 마법 반지의 원재료인 황금은 원래 처녀 요정이 살던 라인강에 숨겨진 보물이었다. 황금의 원주인이 라인강의 처녀라는 것은 무엇을 의미할까? 라인강에 살던 요정이 생명과 대지의 정령을 의미한다면, 황금은 강에 살던 요정의 숨겨진 보물로서 생명과 대지의 것이라고 할 수 있다. 그런데 라인강의 처녀에게 구애하던 난쟁이가 뜻을 이루지 못하자 황금을 훔쳐 반지로 만든다. 신화의 서사 초반을 장식하는 황금반지가 만들어지는 과정에는 중요한 신화적 의미가 담겨 있다. 이를 밝히기 위해서는 먼저 라인강의 처녀에게서 황금을 훔친 난쟁이족이 누구인지 알아야 한다.

북유럽신화에서 난쟁이족 드베르그는 꼬리를 문 거대한 뱀이 감싸고 있는 대지 밑에 살며, 대지모신인 거인 이미르의 시체에서 태어난 종족으로 기록되어 있다. 정복신화에 등장하는 난쟁이족을 포함한 다양한 종족은 거인족과 동일한 위상을 가진 가이아의 후손이다. 정복신화는 대지모신의 후손을 거인족이나 난쟁이족, 혹은 괴물로 표현함과 동시에 그들을 악한 무리로 해석한다. 신화 속 난쟁이족의 주 직업은 광부이거나 세공사다. 그래서 난쟁이가 황금을 훔쳤다는 것은 문자 그대로의 의미가 아닌, 대지모신의 후손인 난쟁이족이 노동을 통해 대지 속의 황금을 채취해 반지로 만들었다고 해석할 수 있다.

황금의 소유 과정에서 라인강의 처녀와 난쟁이에 이어 등장하는 세 번째 존재는 바로 신화 영웅 지크프리트에 의해 살해된 황금을 품은 용이다. 헤라클레스가 황금 사과를 얻기 위해 용을 살해하고, 이아손이 황금 모피를 얻기 위해 마법으로 용을 잠재운 것처럼 북유럽신화 또한 용을 죽이고 황금을 빼앗는 영웅 서사를 공유한다. 그렇기에 정복신화가 공유하는 영웅 서사의 중심 모티브를 '용의 살해'와 '황금의 독점'으로 정리하고자 한다.

왜 용은 황금을 품고 있을까

정복신화의 서사 중심에는 '황금을 품고 있는 용'이 자리한다. 그런데 '황금을 품고 있는 용'은 신화의 역사에서 어떻게 만들어진 것일까? 생성신화권의 용은 황금이 아니라 여의주를 품고 있다. 그렇다면 황금과 여의주는 어떤 관계에 있을까? 먼저 여의주가 무엇을 의미하는지부터 살펴보자.

여의주(如意珠)의 한자어를 그대로 풀어쓰면 '뜻한 대로 이루게 하는 보배로운 구슬'이 된다. 자율적 생성체로서 용의 신성과 뜻한 바대로 이루어지게 만드는 여의주는 무슨 관계가 있을까?

생성신화권에서 생명계에 참여하는 모든 생명체는 신성의 주체이다. 여기서 신성은 생명의 생성주권을 의미하고, 신성한 주체는 저절로 꽃피우는 주체를 뜻한다. 그렇다면 생명이 뜻하는 바는 무엇일까? 생명이 뜻하는 바는 자신의 본성대로 자신의 삶을 향유하는 삶을 의미한다. 꽃으로 비유하면 씨앗에 담긴 본성대로 저절로 꽃을 피우는 것이다. 따라서 여의주는 저절로 꽃피우는 생명의 신성주권을 상징한다. 그래서 생명을 상징하는 용이 여의주를 품고 있는 것은 곧 모든 생명체가 '뜻하는 바대로 이룰 수 있는' 신성의 주체임을 말한다.

모든 생명체는 스스로 본성에 내재한 꽃을 피울 수 있는 '여의주'를 품고 있다. 그런데 정복신화에서 '**여의주를 품은 용**'은 '**황금을 품은 용**'으로 변질된다. 여의주가 황금으로 변질된다는 것은 무엇을 의미할까? 여의주가 용의 생명력을 상징한다면 황금은 물질적 부를 상징한다. 따라서 여의주가 황금으로 변질되는 과정은 생명의 생명력을 이용

한 부의 독점으로 절대권력이 만들어지는 과정을
의미한다. 여의주와 황금은 신화에서 모두 마법의
보물을 의미하지만, 그 의미는 전혀 다르다. 여의
주에 담긴 마법의 주체가 생명계에 참여하는 모든
생명체라면, 황금의 마법 주체는 용을 살해한 정복
권력으로 마법의 주체가 변하기 때문이다.

생명의 마법이 황금의 마법으로 변질되다.

창세신화에 담긴 본질은 거인을 신성한 주체
로 바라보는가, 정복 대상으로 바라보는가에 있다.
거인은 지구 생명계를 의인화한 존재다. 따라서 거
인을 바라보는 관점은 세계를 바라보는 관점, 즉
세계관의 차이로 이어진다. 거인을 스스로 재생하
는 생성의 주체로 바라보는 세계관이 생명의 세계
관으로 이어진다면, 거인(세계)을 정복 대상으로 바
라보는 세계관은 물질의 세계관으로 귀결된다. 신
화에서 생명과 물질의 본질적 차이는 신성주권에
있다.

세계를 자율적 생성체로 바라보는 생명의 세
계관에서는 생명의 신성주권이 생명 스스로에게
있지만, 정복신화에서 생명은 신성주권을 상실한
물질로 전락한다. 그래서 생명의 신성주권을 부정

한 정복신화는 세계를 스스로 생성하는 생명이 아닌 물질로 바라보는 **물질의 세계관**으로 귀결될 수밖에 없다. 생명(용)을 물질로 바라보는 이유는 생명(용)이 품은 황금을 소유하기 위해서다. 이처럼 생명의 신성을 부정하는 물질의 세계관은 생명을 소유대상으로 바라보는 **소유의 세계관**으로 이어진다. 용의 여의주가 황금으로 변질되는 과정은 생명의 신성주권을 신성시하는 자율적 생성질서가 생명을 정복의 대상으로 바라보는 소유의 질서로 재편되고 있음을 잘 보여주고 있다.

명분 뒤에 감추어진 역사의 진실

인류의 역사에서 드러난 명분과 실제가 서로 다르듯, 신화의 서사에 드러난 명분 또한 실상을 감춘다. 정복신화는 용을 살해하는 이유를 용의 본성이 악하기 때문이라는 명분을 내세우지만, 실상은 용이 품은 황금을 빼앗기 위해 선악의 구도가 필요했다. 그렇다면 용의 신성을 악마화하기 위한 명분은 어떻게 만들어졌을까? 용(뱀)은 이원적 생성원리를 상징한다. 바로 혼돈의 원리다. 정복신화는 혼돈의 질서가 인간의 감각적 인식체계와 부합하지 않는다는데 주목한다. 그래서 혼돈의 이원적 생성원리가 무질서하다는 논리를 만든다. 이 과정에는 중요한 의미가 담겨 있다. 생명의 질서를 따르는 본성 중심의 인식에서 생명의 질서를 이분화시키는 감각 중심의 인식으로 변화하는 과정에, 용을 살해하고 황금을 독점하기 위한 정복권력의 정치적 책략이 개입하였음을 말해주고 있기 때문이다.

이렇듯 용이 품은 황금을 뺏기 위해 만들어진 선악이분법적 세계관은 생명의 신성을 부정하는 물질의 세계관으로 이어지고 다시 용이 품은 황금에 대한 소유를 정당화하는 소유적 세계관을 뒷받침한다. 생명의 신성주권을 상징하는 여의주가 황금으로 변질되는 과정에는 인간의 자율적 생성력이 타율적 노동으로 변질되는 과정이 함께 한다. 춤추고 노래하며 자신의 삶을 향유하던 인간은 이제 황금을 만들기 위해 노동을 강요당하는 존재로 전락한다. 그렇게 생명의 신성주권을 부정당한 난쟁이족으로 상징되는 보편적 인간은 자유로운 신성한 주체에서 황금을 만들어내는 존재로 전락한다. 이렇듯 '황금을 품은 용'이란 상징에는 **'생명의 신성'**을 **'황금의 신성'**으로 변질시키는 정복신화의 본질이 담겨 있다.

154

생명의 마법과 히드라

용이 품은 '황금'은 북유럽신화 서사에서 '황금을 증식시키는 반지'로 변한다. 황금으로 상징되는 물질적 부의 무한한 증식과 독점은 궁극적으로 '무엇이든 할 수 있는' 권력의 독점으로 이어진다. 그런데 용이 품고 있었던 반지의 마법은 **'원하는 대로 이룰 수 있다'**는 의미로 생명이 품고 있는 여의주에 담긴 마법 능력과 동일하다. 황금을 증식시키는 반지의 마법이 여의주의 마법과 동일한 이유에는 중요한 의미가 담겨 있다. 바로 황금을 만드는 반지의 마법이 여의주의 마법에서 비롯함을 말하고 있기 때문이다. 여기에는 **'여의주의 마법'**이 존재하지 않으면 황금을 증식시키는 **'반지의 마법'** 또한 존재할 수 없다는 의미가 숨겨져 있다.

신화를 만든 주체는 그 신화의 질서가 영원하길 꿈꾼다. 황금의 탑을 쌓기 위해서는 용이 가진 황금이 필요하다. 정복권력은 악의 세력을 완전히 정복함으로써 선의 질서를 완성하려 하지만, 동시에 '황금을 품은 용'이 없으면 그 질서를 유지할 수 없다는 모순에 빠진다. 황금을 품은 용이 곧 여의주를 품은 용이라고 할 때, 여의주를 품은 생명체가 존재할 때만이 황금을 기반으로 한 절대권력의 질서가 유지될 수 있기 때문이다. 이제 생명의 마법에 의존할 수밖에 없는 정복권력이 생명의 생명력 자체를 어떻게 이해하는지 살펴보자. 정복신화가 바라보는 생명의 생명력을 잘 보여주는 괴물이 있다. 바로 아홉 개의 뱀 머리를 가진 히드라다. 이제 헤라클레스가 히드라와 결전을 벌이는 현장으로 가보자.

헤라클레스는 아미모네 샘 근처에 있는 동굴에서 히드라를 발견하고는 불화살을 동굴 안으로 쏘아 히드라를 밖으로 나오게 하였다. 히드라가 아홉 개의 머리를 세우고 동굴 밖으로 나오자 헤라클레스는 히드라에게 달려들어 칼로 머리를 잘랐다. 하지만 머리가 잘린 목에서는 곧 두 개의 머리가 새로 자라났다. 헤라클레스는 머리가 잘린 자리를 횃불로 지져 더는 새 머리가 돋아나지 못하게 하였다. 하지만 불사의 머리는 그런 식으로도 죽일 수가 없었다. 그래서 헤라클레스는 불사의 머리를 베어 그것을 땅에 묻고 커다란 바위로 깔아뭉갰다.

하나의 머리를 베면 두 개가 돋아나는, 끊임없이 재생되는 목을 가진 히드라의 속성은 무엇을 말할까? 바로 재생하는 생명의 속성이다. 프로메테우스가 타르타로스에서 독수리에게 파 먹히지

만, 다음날이면 재생되는 간과 재생하는 히드라는
그 속성이 같다. 히드라의 생명력은 겨울의 죽음에
서 스스로 봄의 신생을 불러오는 생명의 마법이자
끝없이 재생되는 생명력이다. 이것이 바로 용이 품
은 여의주의 마법이다. 정복신화는 재생하는 생명
의 속성을 악으로 바라본다. 그런데 정복권력에게
있어 목이 재생하는 히드라는 악한 괴물임과 동시
에 매혹적인 대상이다. 이는 히드라가 황금을 품고
있기 때문이다. 끝없이 재생하는 히드라의 목은 두
려움의 대상이지만, 동시에 재생하는 생명력은 황
금의 증식을 가능하게 만드는 마법의 능력이기도
하다.

정복권력의 소유적 세계관이 영속할 수 있는
이유는 히드라의 강인한 생명력이 황금을 제공하
기 때문이다. 이렇듯 황금을 증식시키는 반지의 마
법은 반지 자체에 있는 것이 아니라 여의주의 마법
에 의해서만 유지될 수 있다. 그래서 정복권력은
역설적으로 정복대상인 악한 히드라의 생명력에
의존한다. 정복권력으로 하여금 무엇이든 할 수 있
게 하는 절대권력의 마법은 궁극적으로 생명력을
상징하는 여의주의 마법에서 비롯하기 때문이다.

무엇을 경계하는가

　모든 신화의 서사에는 신화의 신성이 인간에게 전하고자 하는 메시지가 담겨 있다. 신화에는 인간이 추구해야 할 삶의 길을 제시하는 한편, 이를 유지하기 위해 무엇을 경계해야 하는지에 대한 금기의 메시지도 함께 전한다. 정복신화의 신성은 정복권력의 신성이다. 따라서 신화의 신성이 추구하는 신성의 질서는 정복권력이 바라는 세계의 질서기도 하다. 정복권력은 생명이 황금을 만들어야 유지될 수 있지만, 황금을 제공하는 생명과 공유하지 않는다. 정복권력이 황금을 독점하는 배타적 소유 질서를 유지하기 위해 신의 목소리를 통해 인간에게 던지는 메시지는 무엇일까?

　먼저 메두사가 왜 살해되었는지, 그리고 그 살해의 당위성이 무엇인지 알아보자. 메두사는 원래 미모가 출중해 아테나와 미모를 겨룰 정도였다. 특히 머리카락이 아름다워, 수도 없이 많은 남자가 메두사에게 구혼했다. 결국, 메두사는 바다의 신 포세이돈의 연인이 되지만 아테나 여신의 신전에서 포세이돈과 사랑을 나누다 여신의 노여움을 불러일으켜 저주를 받게 된다. 아테나는 메두사의 자랑인 아름다운 머리카락을 하나하나 실뱀으로 만들고 그녀를 흉측스러운 괴물로 변하게 했다. 메두사는 신의 배타적 영역을 침해한 행위로 아테나 여신의 저주를 받은 것도 모자라 영웅 페르세우스에게 살해되고 만다. 천상의 정복신성이 누리는 세계를 넘보는 인간은 저주의 대상이 되는 것이다. 저주를 받는 신화 속 인간의 이야기를 더 들어보자.

거미가 된 아라크네

아라크네는 리디아 출신의 여자로 염색 기술자의 딸이었다. 비록 초라한 집안 출신이지만 베를 짜는 빼어난 솜씨는 명성이 높았다. 자신의 재능이 베 짜는 여인들의 수호신인 아테나와는 아무 상관이 없다고 큰소리치는 아라크네에 대한 소문은 아테나 여신의 귀에도 들어가게 된다. 노파로 변장한 아테나 여신의 충고에도 불구하고 그녀의 자만심으로 마침내 신과 인간의 대결이 시작된다. 그런데 아라크네와 여신이 수놓은 그림이 재미있다. 아테나 여신은 제우스를 중심으로 높은 왕좌에 근엄하게 앉아있는 올림포스 12신의 모습을 수놓는다. 그리고 신에게 도전한 인간은 어떤 벌을 받을지 예상할 수 있는 작은 그림들을 네 귀퉁이에 짜 넣는다. 그 작은 그림들은 이러하다.

자신을 제우스와 헤라라고 칭한 대가로 산으로 변해버린 트라키아 왕과 아내, 헤라와의 다툼에서 지고 학이 되어 자신의 백성에게 전쟁을 선포하는 여왕의 비참한 운명, 헤라와 미모를 다투다 황새로 변한 안티고네, 헤라의 저주를 받아 돌계단으로 변해버린 딸을 부둥켜안고 우는 인간의 모습 등 신의 권위에 도전한 인간들의 비참한 최후를 수놓는다. 그리고 마지막으로 올리브 가지로 가장자리를 둘러서 마무리한다.

반면에 아라크네가 수놓은 그림은 어떤 것들이었을까? 아라크네는 올림포스 주신들과 제우스의 거침없는 애정행각을 수로 놓았다. 먼저 황소, 독수리, 백조, 황금 소나기, 불, 목자, 뱀으로 변신하여 불륜을 저지르는 제우스, 사나운 황소와 숫양과 말과 돌고래로 변신하여 여성을 겁탈하는 포세이돈을 수놓고 가장자리는 담쟁이덩굴과 꽃들로 마무리했다.

베 짜기를 마쳤을 때 질투의 여신조차도 아라크네의 작품에 감탄을 자아내자, 화가 난 아테나 여신은 아라크네의 작품을 찢어버린다. 아라크네는 억울한 마음에 들보에 목을 매었고, 아테나 여신이 아라크네를 살려냈을 때는 이미 평생 줄에 매달려 단순한 모양의 실을 잣는 거미로 변해 있었다.

돌이 된 니오베

일곱 명의 아들과 일곱 명의 딸을 가진 니오베는 자식이 둘밖에 없는 여신 레토를 모욕한다. 여신 레토의 저주로 자식들이 차례로 살해당하자, 니오베는 마지막 남은 딸 하나를 부둥켜안은 채 여신에게 살려 달라며 절규한다. 마지막 딸마저 잃은 니오베는 깊은 슬픔에 빠져 돌로 변하게 되고, 지금도 바위에는 눈물이 흐른다고 전해진다. 또 다른 저주받은 인간의 이야기가 있다. 대지의 여신을 얕보고 숲의 나무를 도끼로 벌목하다 신으로부터 굶주림의 저주를 받아 재산과 딸을 모두 잃은 채로 자신의 몸을 뜯어먹으며 처참한 죽음에 이르는 에릭시톤의 이야기가 그것이다. 이처럼 신에게 저주받은 인간의 이야기는 끝없이 이어진다.

왜 교만을 경계하는가

신화는 신의 저주가 인간의 교만함에서 비롯하였다고 지적한다. 신화에서 저주받은 인간의 이야기가 넘치는 것은 인간의 교만함을 경계하기 위함에 있다. 그런데 정복신화는 왜 인간의 교만을 경계할까? 이 문제의 답을 찾기 위해서는 먼저 교만의 근원이 어디에 있는지를 찾아야 한다. 신화는 영웅을 통해 인간에게 신성 실현의 길을 제시한다. 헤라클레스의 이름이 헤라의 영광이란 의미에는 인간 또한 삶의 목적이 신의 영광을 드러내는 데 있음을 의미한다.

신의 영광은 신이 제시한 질서에 의해 유지된다. 그래서 인간이 신의 영광을 드러내는 길은 신이 만든 질서를 따르는 데 있다. 따라서 천상의 세계에 사는 제우스를 중심으로 한 올림포스 신족과 인간 사이에 만들어진 경계를 인간이 함부로 넘보는 것을 경계한 것이다. 그래서 신화가 말하는 인간의 교만함이란 신이 만든 질서를 어기고 신의 세계를 넘보는 것이며, 궁극적으로 신의 영광을 부정하는 마음이다. 그런데 신화는 인간의 교만함이 인간의 타고난 본성에서 비롯되었다고 본다.

왜 인간은 교만한가

정복신화가 인간의 본성을 교만하다고 보는 이유는 인간의 본성이 혼돈다고 여기기 때문이다. 그렇다면 인간의 본성을 왜 혼돈하다고 규정할까?

162

혼돈은 가이아문명이 바라보는 생명의 근원원리다. 생명의 근원원리를 혼돈이라 부른 이유는 생명의 근원원리가 대립하는 두 질서가 만나 구현되는 이원적 생성질서이기 때문이다. 복희·여와의 하반신이 뱀인 데서 알 수 있듯, 혼돈한 생명의 근원원리를 바탕에 두고 태어난 인간의 본성 또한 혼돈할 수밖에 없다. 그렇다면 왜 혼돈한 인간은 신과 인간의 경계를 부정하고 신의 자리를 넘보는 교만한 인간이 되는 것일까?

그것은 혼돈을 '무질서'하다고 규정한 데서 비롯한다. 무질서함이란 질서가 없는 상태이기에 무질서한 본성의 인간은 질서의 경계를 넘보는 존재일 수밖에 없다고 보았다. 그런데 여기에는 보다 근본적인 이유가 있다. 혼돈의 질서가 바로 자율적 생성질서를 의미하기 때문이다. 혼돈의 질서가 복희여와도의 질서이며 음양의 관계원리에 담긴 질서다. 자율적 생성질서는 질서에 참여하는 모든 생명체가 자유롭고 동등한 신성주체임을 전제로 구현될 수 있다. 그래서 혼돈을 바라보는 정복신화의 시선은 바로 혼돈에 담긴 자율성의 원리를 겨냥한다.

또한 자율성의 원리는 질서에 참여하는 주체

가 자유로운 신성주체임을 전제로 한다. 그래서 인간 본성이 혼돈하다는 것은 인간의 본질이 자유로움을 지향할 뿐만 아니라 신성한 주체로서 자기존엄성을 근본으로 하는 존재임을 말한다. 자유롭고 스스로를 신성하다고 여기는 인간의 본성은 근본적으로 자신의 신성을 부정하는 위계적 질서에 대해 부정적일 수밖에 없다. 정복신화가 신의 질서를 위협하는 인간의 교만함을 인간 본성의 혼돈함에서 찾는 이유가 여기에 있다. 그래서 정복신화 속 인간은 자신의 신성을 부정하는 천상의 신들이 만든 위계적 질서에 대해 끝임 없이 도전하고 신은 그러한 인간을 저주하는 일을 반복하게 된다.

혼돈한 인간의 질서는 어떻게 유지되는가

정복신화는 인간의 혼돈함과 교만함이 인간의 본성이라는 명분으로 신성주권을 박탈하고, 절대적인 복종을 요구함과 동시에 저주의 형벌을 정당화시킨다. 인간이 신성의 주체일 수 있는 이유는 인간의 본성이 생명의 이원적 생성질서를 받아들여 저절로 꽃피울 수 있기 때문이다. 그런데 혼돈을 부정하는 정복신화의 질서 속에서 저절로 꽃피우는 인간의 신성주권 또한 부정된다. 신성주권을 부정당한 인간은 질서를 유지할 능력 또한 부정당하며 천상의 신에게 의존할 것을 강요당한다. 정복신화에서 신과 인간의 관계가 인간에게 절대복종을 요구하는 권위적이며 위계적 관계일 수밖에 없는 이유가 여기에 있다.

교만한 인간과 저주하는 신의 이야기에는 혼돈을 부정하는 이분법적 세계관에 담긴 질서의 본질이 무엇인지, 그리고 인간의 본성이 어디에 뿌리를 두고 있는지를 잘 보여주고 있다. 그런데 정복신화는 질서의 근본을 왜 신과 인간의 관계에서 찾을까? 그것은 신화에 담긴 신과 인간의 관계가 그대로 권력과 인간의 관계로 이어지기 때문이다. 정복신화의 신성은 보편적 인간의 신성을 대변하지 않는다. 천상의 세계에 사는 신은 정복권력의 신성일 뿐이기 때문이다. 그래서 신과 인간의 관계는 정복권력과 인간의 관계이기도 하다.

천상의 신들은 인간적일까

그리스신화 속 신의 모습을 흔히 인간적이라 부른다. 유일신 종교의 근엄하고 엄격한 창조신과 비교하면 그리스·로마 신화의 신은 사랑하고 질투하는 인간의 모습에 가깝다. 그런데 '인간적인 모습의 신'이란 전제는 신들의 욕망과 행위가 인간의 자연스러운 본성에 바탕을 두고 있다는 것을 전제한다. 인류는 신화를 통해 인간 본성에 대한 비밀을 알고 싶어 하고, 신화에는 가공되지 않은 인간 본성의 비밀이 담겨 있다는 믿음을 바탕으로 이를 받아들인다. 그것이 신화의 권위다. 그렇다면 제우스를 비롯한 올림포스 신족의 모습은 정말 인간적일까? 정복신화에서 제우스와 올림포스 신족은 천상의 세계에 산다. 올림포스 신족이 사는 천상의 세계가 만들어지는 과정은 보편적 인간의 신성이 파괴되는 과정과 함께한다. 역으로 보편적 인간의 신성인 여의주가 황금으로 변질되는 과정에서 천상의 세계가 만들어졌음을 의미한다.

따라서 천상의 신들이 누리는 향락은 황금이라는 물질적 부와 물질이 부여한 절대권력 위에서 가능한 것이기도 하다. 천상의 세계와 지상의 세계는 분리되어 있고, 천상의 세계에는 정복권력의 욕망을 대변하는 신이 살며, 절대다수의 인간은 지상의 세계에 살아간다. 신과 보편적 인간 사이에 그어진 경계의 의미는 천상의 신들이 누리는 자유분방한 욕망의 삶을 보편적 인간이 넘볼 수 없다는 것을 의미한다. 그래서 제우스를 중심으로 한 정복신의 욕망은 인간적인 것이 아닌, 인간의 신성을 억압한 대가로 황금을 독점한 정복권력의 욕망을 대변하고 있을 뿐이다.

천상의 신들은 결코 생명과 교감하지 않으며 인간과 소통하지 않는다. 그들은 이기적 욕망에 탐닉하며, 보편적 인간의 고통이 아니라 자신들의 향락적인 삶을 가능하게 하는 권력의 질서를 지키는 데만 관심을 두고 있을 뿐이다. 신들은 수시로 교만한 인간을 저주하고 형벌을 내려 절대권력의 질서를 영원히 유지하고자 했다. 그래서 정복신화가 전하는 신의 이야기는 보편적 인간의 본성을 대변하는 이야기가 아니라 정복권력의 욕망을 대변하는 이야기일 뿐이다. 천상에 사는 정복권력의 신들을 '인간적인 신'이라 부를 때, 신화 속에서 진짜 인간들은 어디에서 어떤 모습으로 살고 있을까?

천상의 신들이 지배하는 지상의 인간세계는 여의주를 잃고 병든 채 살아가는 이무기들의 세계이며, 천상의 신에게 항변하는 인간의 목소리는 교만함으로 저주의 대상이 된다. 그래서 인간적이란 말에 담긴 진실은 정복권력에게 빼앗긴 생명의 신성을 돌려받고자 닫힌 천상의 문을 두드리는 인간의 모습에 있다. 저주받은 그들의 내면에 담긴 슬

픔과 분노 그리고 포기할 수 없는 꿈이 보편적 인
간의 욕망을 대변하고 있기 때문이다.

신화의 권위

신화는 권위를 가진다. 신화가 신성을 이야기
하고 있기 때문이다. 신성의 문제는 종교의 문제만
이 아닌, 세계관의 문제이자 인간 본질에 대한 문
제이다. 그러나 신화의 신성은 결코 보편적이지
않다. 왜냐하면 신화가 신의 이야기를 통해 궁극적
으로 인간의 이야기를 전하기 때문이다. 그래서 신
화에 담긴 신의 이야기는 이야기를 쓰는 주체의 관
점에 따라 달라질 수밖에 없다.

인류의 역사에서 신화를 쓰는 주체는 변해
왔다. 다시 쓰인 신화는 인간의 신성을 부정함으로
정복권력의 역사적 등장을 정당화시켰다. 신성을
독점한 정복권력의 신성은 황금의 탑을 쌓아 올리
고 스스로 그 황금에 신성을 부여했다. 그렇게 황
금의 신성은 인류의 역사를 지배하게 되었으며 이
제 인류의 신성이 되었다. 그래서 정복신화의 권위
는 현재에도 절대적이다.

신화의 권위가 신성의 권위를 대변하기에 인
류는 신화를 통해 신의 원형을 학습하며 받아들

인다. 정복신화에 담긴 황금의 욕망은 이제 신의 이름으로 보편 인간의 내면에 뿌리내렸다. 황금의 욕망이 신의 질서가 된 현실에서 희망을 잃는다는 것은 출구 없는 절망으로 이어질 수밖에 없다. 그러나 신화의 공고화된 질서는 인간이 다른 신화의 가능성을 상상하는 순간 틈이 생길 수밖에 없다. 그 균열이 절망한 인간에게는 다른 삶의 길을 꿈꾸는 작은 창문이 될 수 있다.

04.
신화와
영웅서사
II

왜 _____

_____ 환생꽃은

서천에 _____

_____ 피었는가

한국의 신화적 적통은 어떤 신화에 있는가

한국문화의 세계관이 체계적이고 일관성 있게 정립되지 못한 가장 큰 이유 중 하나는 신화에 있다. 어떤 신화가 세계관에 뿌리를 둔 원형 신화인지 제대로 확정하지 못했기 때문이다. 한국의 신화에는 두 종류가 있다. 현재 신화의 적통을 차지한 단군신화를 중심으로 한 **건국신화**와 한국의 전통 종교인 무교에 뿌리를 둔 **무속신화**다. 그렇다면 건국신화와 무속신화 중 어떤 신화가 원형 신화일까?

원형 신화를 가리는 기준은 창세신화에서 제시된 신성과 세계관의 승계 여부에 있다. 그렇다면

건국신화와 무속신화 중 어떤 신화가 창세신화에
서 제시된 생성문명의 신성과 세계관을 승계한 신
화인가? 단군신화를 비롯한 건국신화는 건국 주체
의 신성화를 통해 건국의 명분을 확보하는 데 목적
이 있을 뿐, 창세신화에 담긴 저절로 꽃피우는 세
계관과 생명의 신성을 승계하지 않는다.

　　반면에 무속신화는 창세신화에 담긴 생성문
명의 신성과 세계관을 승계할 뿐만 아니라 전통 종
교인 무교의 신성으로 이어진다. 그리고 무속신화
에는 건국신화와 달리 창세신화에 담긴 신성을 실
현하는 다양한 신화 영웅이 그들의 행적을 통해 한
국의 문화원형을 제시하고 있다. 따라서 한국의 원
형 신화는 건국신화가 아닌 무속신화여야 한다.

　　무속신화가 신화로서 적통을 인정받지 못한
이유 중 하나는 문헌 자료의 부재 때문이다. 건국
신화는 삼국유사 등 문헌으로 남겨졌지만, 무속신
화는 무속인의 노래와 사설로 전승될 수밖에 없
었다. 그러나 문헌으로 기록된 신화란 점만으로 원
형 신화로의 자격을 인정받을 수 없듯이 구비 전승
됐다는 사실이 원형 신화로서 결격사유가 될 수는
없다.

무교의 신성은 생성문명의 신성을 승계한다

무속신화는 한국의 전통 종교로서 무교에 뿌리를 두고 있다. 그리스신화에서 신탁의 사제로서 신녀가 무녀였듯, 한국의 무교는 인류가 공유했던 대지모신의 종교이자 생성문명의 종교적 전통에 그 뿌리가 닿아 있다. 신성의 본질은 누가 신성주체인가에 답하는 신성주권의 문제에 있다. 생성문명의 신성을 승계한 무교문화에서 신성의 주권은 생명 스스로에 있다. 따라서 무교의 신관(神觀)은 범(凡)신관 혹은 다(多)신관이다. 다신관이란 신이 많다는 것을 의미하기 전에, 생명계 자체가 신성이며 생명계에 참여하는 모든 생명체가 신성의 주체라는 의미를 담고 있다.

한국문화에서 무교의 종교적 제의는 '굿'이라 불린다. 굿의 일반적 형식은 열두거리로 구성된다. 그런데 열두거리를 주재하는 신이 거리마다 모두 다르다는 것은 무교의 다신관을 잘 보여준다. 또한 굿을 떠나 기층 민중의 일상 삶에도 무교의 다신성이 스며들어 있다. 천지신명의 하늘신, 땅신은 물론이고 집을 지키는 성주신과 부엌의 조왕신, 하다못해 변소에도 신이 있다. 산에는 산신이, 물에는 용왕신이 있고, 산속 나무와 바위 모두 신앙의 대상이 된다. 마을에는 서낭나무와 돌무더기가 마을의 수호신인 서낭신의 역할을 한다.

또한 무교의 신성원리는 생성문명의 이원적 신성원리를 승계한다. 이원적 신성원리가 대립하는 생명의 생성질서를 선악으로 이분화하지 않듯이 무교의 신성 또한 선신과 악신으로 이분화되지 않는다. 무교에는 인간의 삶을 주관하는 다양한 신이 존재하지만, 그렇다고 병과 화를 주는 신을 악신으로, 복을 주는 신을 선신으로 이분화시키지 않는다. 오히려 모든 신은 인간이 어떻게 관계를 맺는가에 따라 복을 주기도 하고, 때론 화를 주기도 한다고 받아들인다.

하물며 굿판에 끼지도 못하는 잡신도 대접한다. 예를 들어 굿판의 마무리에는 뒷전거리가 있다. 이는 마당 한 자리에 간소한 상을 차려놓고 생전에 한을 품고 죽거나 굿판에 초대되지 못하는 잡귀에게 의식을 베푸는 것이다. 동해안 별신굿에서는 거리굿이라 하여 거리를 헤매는 잡귀를 위로하며 잘들 먹고 돌아가라고 축원하는 의식도 있다. 지역마다 명칭은 달라도 굿의 마지막에는 항상 잡귀에게 음식을 풀어먹인다. 온전히 신의 세계로 진입하지 못하고 거리를 방황하는 신들조차 빼놓지 않고 대접하며 달래는 것이다. 그럼 이제 무교의 신성에 뿌리를 둔 무속신화의 신화 영웅이 창세신화에 담긴 세계관을 어떻게 승계하는지를 살펴보자.

무속신화의 영웅들

무교에 뿌리를 둔 신화를 일반적으로 무속신화라 부른다. 왜 무교(巫敎)신화가 아닌 무속(巫俗)신화일까? 무속의 **속**(俗)이란 민속, 즉 민중들의 생활 습속을 의미한다. 이는 무교가 상층부의 종교로서 종교적 권위를 누리기보다는 긴 역사 동안 기층 민중의 삶에 뿌리내렸음을 의미한다. 그렇다면 기층 민중의 삶에 뿌리를 두고 전승되어 온 무속신화의 영웅들은 어떤 모습일까?

정복신화권의 신화 영웅과 견줄 만한 무속 신화의 영웅은 무당의 조상신이 되는 '바리데기'와 세상에 사계절의 소식을 전하는 신이 된 '오늘이' 등을 내세울 수 있다. 먼저 헤라클레스에 버금가는 무속신화의 영웅 바리데기부터 만나보자. 무속인의 구술을 통해 기록된 무속신화 일반이 그러하듯, 바리데기 신화 또한 긴 역사 동안 무속인을 통해 전승되어오다 현대에 채록된 이야기다. 전국 여러 지역에서 서로 다른 무속인들로부터 채록되어 판본은 조금씩 다르지만, 살펴보아야 할 신화의 중심 서사는 다르지 않다. 이제 『살아있는 우리신화』(신동흔, 한겨레출판)에 실린 무속신화의 영웅, 바리와 오늘이 이야기를 요약해 소개하고자 한다.

　　먼 옛날 어느 나라(불라국)에 오구 대왕이 있었다. 왕은 딸만 여섯을 낳았고, 일곱 번째에도 딸을 낳자 화가 나서 그 딸을 상자에 담아 바다에 버렸다. 그래서 딸에게 붙여진 이름은 '바리데기(버려진 아이)'다. 버려진 바리는 바리공덕 할머니와 할아버지에게 발견되어 길러진다. 바리를 버린 후 오구대왕은 몸과 마음이 수척해지더니 마침내 병석에 눕고 말았다. 세상의 의원을 다 불러 대고 좋다는 약을 다 써보았지만, 한번 자리에 누운 왕은 다시 일어날 줄을 몰랐다. 저승 깊은 곳에 있는 약수를 구해 와야 살 수 있는데 일곱째 공주만이 할 수 있는 일이란 걸 전해 듣고 바리를 수소문하여 찾는다. 십오 년 만에 부모를 만난 바리는 남장하고 저승을 향해 홀로 길을 떠난다. 밭 가는 노인의 청을 들어주고 다시 길을 가던 바리는 빨래하는 마고할미로부터 꽃가지와 금빛 방울을 얻는다. 원혼들이 막아서는 열두 고개를 넘어 마침내 죽은 자만 건널 수 있는 황천수를 마고할미가 준 꽃가지 덕분에 무사히 배를 타고 건넌다. 낯선 땅에서 가시성, 쇠 성에 가로막힌 바리는 성안에 갇혀있던 영혼들을 위해 기도하고 다시 길을 가다 큰물을 만난다. 마고할미가 준 금빛 방울을 물에 던지자 오색 무지개가 피어올라 만들어진 무지개다리로 큰 강을 건넌 바리는 마침내 저승 땅에 닿아 약수를 지키는 약수지기를 만난다. 원래 천상의 사람이었던 약수지기는 인간 세상 처녀를 만나 아들 셋을 얻어야만 하늘로 돌아갈 수 있다며 혼인을 청한다. 아들 셋을 낳자 약속대로 약수지기는 약수 있는 곳을 알려주고, 바리는 약수와 함께 약수 옆에 피어 있는 색색의 꽃을 꺾어 간직한다. 어느 날, 약수지기가 하늘로 돌아가자 바리는 세 아이와 함께 오구대왕의 나라로 돌아온다. 약수와 생명을 살리는 꽃으로 죽은 오구대왕을 살린 바리는 후에 오구신이 되어 저승길 영혼들을 인도하게 되었다. 바리를 주워 키운 바리공덕할아비와 바리공덕할미는 영혼의 길 안내를 맡는 신이 되어 길 삯을 받으며 살게 되었고 바리의 세 아들은 뒤에 저승의 열 대왕이 되었다고 한다.

바리는 무엇을 구하러 길을 떠나는가

길을 떠난 바리는 숱한 위기 속에서 문제를 해결해나가는 신화 속 영웅의 길을 따른다. 바리가 길을 떠난 이유는 이승의 저편인 저승 땅에서 생명수와 죽어가는 생명을 살리는 환생꽃을 구해오기 위해서다. 이제 환생꽃과 생명수로 오구대왕을 살리는 신화의 장면과 만나보자. 바리는 병든 오구대왕을 살리기 위해 갖은 시련을 겪은 끝에 환생꽃을 구해 돌아오지만, 기다리던 아버지 오구대왕은 이미 죽어 장례를 치르고 있었다.

바리는 품에 간직했던 색색의 꽃을 내어 아버지를 쓰다듬기 시작했다. 바리가 푸른 꽃으로 뼈를 쓰다듬자 흩어져 있던 뼈들이 덜컥덜컥 제자리를 찾아서 붙었다. 바리가 노란 꽃으로 뼈를 쓰다듬자 녹았던 살들이 구름처럼 뭉실뭉실 피어났다. 바리가 빨간 꽃으로 몸을 쓰다듬자 붉은 핏줄이 돋아나며 피가 돌았다. 바리가 병을 기울여 아버지 입에 약수를 흘려 넣자 막혔던 숨이 터졌다. 오구대왕이 숨을 몰아쉬면서 눈을 번쩍 뜨고 일어나 앉았다.

약수(생명수)와 함께 오구대왕을 살리는 색색의 꽃을 무속신화에서는 환생꽃이라 부른다. 그런데 왜 죽은 오구대왕을 살리는 데 필요한 것이 생명수와 환생꽃일까? 생명의 근원인 물이 생명을 살리는 생명수라는 상징으로 이어지고, 꽃은 창세가의 꽃피우기 신화에서 잘 드러나듯이 생명 자체를 뜻한다. 그렇다면 환생꽃은 무엇을 의미할까?

생성문명에서 생명의 생성 비밀은 재생원리에 있다. 즉 생명의 생명력은 생명의 재생력에 있으며, 꽃의 생명력은 죽음에서 다시 살아나는 환생에 있다. 따라서 환생꽃은 꽃(생명)과 환생(재생원리)이 합쳐져 생명의 재생력을 상징한다고 해석할 수 있다. 이 장은 생명수 대신 '환생꽃'을 중심 상징으로 해석하고자 한다. 왜냐하면 생명수와 달리 생명의 근원원리를 상징하는 환생꽃은 바리신화 뿐만 아니라 무속신화 전반에서 중요한 모티브로 자리하고 있기 때문이다.

타르타로스와 서천꽃밭

환생꽃은 저승에 있는 서천꽃밭에 피어있다.

한국문화는 인간이 죽어서 가는 곳을 저승이라 부르며, 저승을 서천이라 부르기도 한다. 서천꽃밭이란 상징에는 삶과 죽음에 대한 무속신화의 원형적 세계관이 담겨 있다. 한국인이 죽음의 세계를 서쪽 하늘에 둔 이유는 해가 동쪽 하늘(동천)에서 떠 서쪽 하늘(서천)로 지기 때문이다. 그런데 동천과 서천은 다른 곳이 아니라 같은 천의 세계다. 같은 곳에서 떠서 같은 곳으로 지는 것은 돌아간다는 귀환의 의미가 담겨 있다. 그래서 한국인은 죽음을 '**돌아간다**'로 표현한다.

한국인의 생사관은 천에서 태어나 천으로 돌아간다는 순환의 생사관이다. 그런데 왜 바리가 구하고자 한 환생꽃은 서천꽃밭에 피어있을까? 순환의 생사관에서 천은 생명을 태어나게 하고 성장시키며 거두어 가는 생명의 모체다. 그래서 천은 생명을 재생시키는 곳이기에 생명을 환생시키는 환생꽃이 (서)천에 피어있다는 신화적 상상력이 만들어진 것이다.

그런데 왜 생명의 모체인 천을 '꽃밭'으로 표현하였을까? 생성문명에서 천은 생명의 근원이기에 생명(꽃)의 근원(밭)을 꽃밭으로 표현한 것으로 볼 수 있다. 생명의 근원인 서천(천)은 가이아문명

184

의 타르타로스와 맞닿아 있다. 영생불멸의 신이 거하는 생명의 자궁인 타르타로스 또한 생명의 근원인 천을 뜻한다. 정복신화가 타르타로스를 파괴하는 과정에서 천의 신성은 천상과 지하 세계로 이분화된다. 한국문화에도 불교의 전래와 함께 극락과 지옥이란 관념이 들어오지만, 한국문화에서 천의 원관념은 천상(극락)과 지하(지옥)의 세계로 이분화되지 않은, 생명을 재생시키는 생명의 근원으로서 '환생꽃이 피어 있는 서천꽃밭'이란 상징 속에 승계되고 있다.

한국문화는 무속신화의 생사관을 승계한다. 그래서 한국인은 죽은 자를 '꽃상여'에 태워 서천으로 돌려보낸다. 이렇게 한국문화의 생사관은 '꽃상여'에 태워 돌아가는 '서천꽃밭'으로 완성된다. 그리고 그 꽃밭의 중심에는 죽은 꽃을 다시 피우는 환생꽃이 자리한다.

사계절의 지혜를 구하는 오늘이

무속신화의 대표 영웅은 바리데기다. 바리에 이어 중요한 인물은 바로 옥황선녀 오늘이다. 오늘이는 제주도의 신화 「원천강 본풀이」에 등장하는 무속신화의 또 다른 영웅이다.

한 여자아이가 들판에서 홀로 부모도 없이 자라났다. 학이 날아와 날개로 덮어주고 먹을 것을 가져다주는 덕분에 무사히 자라던 아이를 발견한 사람들은 '오늘 우리를 만났으니 오늘을 생일로 삼자'며 이름을 오늘이라 불렀다. 마을로 들어와 백씨 부인의 돌봄 속에서 자라던 오늘이는 원천강에 산다는 부모를 찾아 길을 나선다. 길을 가던 오늘이가 만난 첫 번째 인연은 흰 모래 마을 별층당에서 글 읽는 장상도령이다. 장상도령은 오늘이에게 원천강에 가거든 자기가 왜 밤낮으로 글만 읽어야 하는지, 집 밖으로 나가서는 안 되는지 알아봐달라고 부탁을 한다. 장상도령과 헤어진 오늘이는 연화못 연꽃 나무에게 가서 원천강 가는 길을 물었다. 연꽃 나무는 맨 윗가지에만 꽃이 피고 다른 가지에는 꽃이 피지 않는 이유를 알아봐 달라고 하고, 이무기(큰 뱀)가 있는 바닷가로 가라고 했다. 이무기는 다른 이무기들은 여의주를 하나만 물어도 용이 되는데, 왜 자기는 여의주를 세 개나 물었는데도 용이 되지 못했는지 알아봐달라고 했다. 이무기는 부탁을 들어주기로 한 오늘이를 태우고 청수 바다를 건너 낯선 땅에 내려주었다. 길을 가던 오늘이는 벌판 가운데 누각에서 글 읽는 매일이 아가씨를 만난다. 매일이로부터는 왜 글만 읽어야 하는지 그 까닭을 알아봐달라는 부탁을 받는다. 다시 길을 가던 오늘이는 우물물을 다 퍼야 하늘로 돌아갈 수 있는데 바가지에 큰 구멍이 뚫려 울고 있는 선녀들을 만난다. 오늘이가 풀을 으깨어 구멍을 막고 송진을 녹여 틈을 막아주자 선녀들은 기뻐하며 답례로 오늘이를 원천강까지 바래다준다. 만 리나 되는 담이 둘러쳐 있는 대궐만큼 큰 집이 있는 원천강에서 부모를 만난 오늘이는 그간의 사정을 말하고 원천강에서 꿈 같은 시간을 보낸다. 오늘이는 부모에게 자기는 소원을 이루었고 부탁받은 일이 있어 이제 인간 세상으로 돌아가야 한다며, 그곳까지 오는 데 도움을 준 이들이 부탁한 것을 부모님께 말한다. 부모님으로부터 답을 들은 오늘이는 작별 인사 후 제일 먼저 매일이의 집에 이르러 자기를 따라오면 소원을 이뤄주겠다고 전한다. 매일이와 함께 길을 떠난 오늘이는 이무기를 만나 여의주를 너무 많이 물어서 용이 못 된 거라고, 두 개를 뱉어서 처음 만난 사람에게 주면 바로 용이 된다고 일러준다. 이무기는 여의주 두

개를 오늘이에게 주고, 용이 되어 하늘로 올라
간다. 연화못의 연꽃 나무에게는 윗가지에 핀 꽃
을 처음 보는 사람에게 주면 가지마다 꽃이 피게
된다고 알려준다. 연꽃 나무는 얼른 윗가지에 핀
꽃을 꺾어 오늘이에게 주자 가지마다 송이송이
탐스러운 꽃이 피어난다. 마지막으로 오늘이는
별층당에서 홀로 글을 읽고 있는 장상도령에게
홀로 글 읽는 처녀를 만나면 소원을 이룰 수 있다
며 매일이와 짝을 맺어준다. 후에 오늘이는 옥황
상제의 부름을 받아 원천강을 돌보며 사계절의
소식을 세상에 전하는 일을 맡게 되었다.

환생꽃과 사계절의 지혜

영웅신화는 창세신화에 담긴 신의 뜻을 밝혀
인간에게 신의 뜻이 실현된 이상세계로 향하는 길
을 제시한다. 바리와 오늘이를 무속신화의 전형적
인 영웅의 모습으로 꼽는 이유는 그들이 신화에 내
재한 신성의 뜻이 무엇인지를 밝히고 그것을 삶 속
에서 실현하기 때문이다. 바리가 환생꽃을 통해 신
성의 뜻이 인간의 잃어버린 신성회복에 있음을 밝
히고 있다면, 오늘이는 어떻게 신성의 뜻을 밝힐까?
바리는 생명수와 환생꽃을 구하기 위해 저승

에 있는 서천꽃밭을 찾아가지만, 오늘이는 아버지를 찾아 저승에 있는 원천강을 찾아간다. 오늘이 신화는 무가에서 '원천강 본풀이'라 불린다. 신의 근본 내력을 풀어간다는 의미의 '본풀이'는 굿판에 모실 신의 근본과 내력에 대한 이야기로서, 한국 '신화'의 원형으로 볼 수 있다. 원천강 본풀이가 원천강과 관련된 신의 근본 내력을 풀어간다고 할 때, 원천강은 어떤 공간일까? 무속신화에서 원천강은 사계절의 변화를 주관하는 곳이다. 오늘이의 부모는 원천강에서 사계절의 운행을 돌보는 역할을 한다. 원천강에서 부모를 만난 오늘이는 높은 담장이 둘러쳐진 네 개의 문을 통해 사계절을 구경한다.

첫 번째 문을 열고 보니 봄바람이 따스하게 부는 속에 개나리, 매화꽃, 영산홍 등 갖은 봄꽃이 피어 있었다.

두 번째 문을 열고 보니 뜨거운 햇살 속에 보리와 밀 같은 곡식과 채소가 무성했다.

세 번째 문을 열고 보니 너른 벌판에 누런 벼가 황금빛으로 물결쳤다.

네 번째 문을 열고 보니 찬바람이 부는 가운데

흰 눈이 세상을 하얗게 뒤덮고 있었다.

무속신화에서 사계절의 변화를 주관하는 곳
으로서 원천강이 흐르는 공간은 저승이다. 한국문
화에서 저승과 서천이 같은 뜻이라 할 때, 저승 또
한 천임을 의미한다. 그래서 원천강이 흐르는 곳과
환생꽃이 피는 곳은 모두 천의 세계다. 그렇다면
왜 무속신화는 환생꽃이 피는 곳과 사계절의 변화
를 주관하는 곳을 같은 곳으로 이해했을까? 꽃의
환생은 생명의 재생을 의미하며, 생명의 재생은 계
절의 변화로 구현되기 때문이다. 사계절의 변화로
생명을 재생시키는 곳이 천인 이유는 천이 생명의
모체이자 근원이기 때문이다. 그래서 환생꽃이 피
는 곳과 사계절의 변화를 주관하는 곳은 모두 생명
의 근원인 천이며, 동시에 환생꽃과 사계절의 변화
는 모두 생명의 생성원리로서 생명의 근원원리를
상징한다.

오늘이는 아버지를 만나고 돌아오는 길에 만
나지 못한 두 남녀와 하늘로 오르지 못하는 이무
기, 그리고 꽃피우지 못하는 연꽃 나무의 소원을
이루어준다. 소원을 이루어주는 오늘이의 지혜는
어디에서 나왔을까? 오늘이의 지혜는 아버지로부

터 얻는다. 사계절의 운행을 돌보는 신관인 아버지가 오늘이에게 들려준 지혜는 바로 사계절의 변화원리다. 따라서 생명들의 소원을 이룰 수 있었던 오늘이의 지혜는 재생하는 생명의 근원원리에서 얻은 것이다.

바리처럼 오늘이도 부모로부터 버림받은 고아다. 그러나 바리와는 달리 오늘이는 부모가 하늘나라의 임무를 수행하기 위해 떠난 것이며, 혼자 남은 그녀는 부모를 찾아서 길을 떠난다. 그런데 오늘이 이야기에서 서사의 중심은 오늘이가 아버지를 찾으러 가는 길에 만난 생명과 인간의 소원을 어떻게 이루어주는가에 있다. 오늘이는 사계절의 지혜를 깨닫고, 돌아가는 길에 이들의 소원을 이루어준다. 그래서 생명의 근원원리인 사계절의 지혜를 얻어 상처받은 생명을 구원한다는 오늘이의 이야기는 환생꽃을 구해 오구대왕을 살리는 바리의 이야기에 담긴 서사원리와 일치한다.

왜 세계는 병들었는가

바리와 오늘이의 이야기를 통해 살펴본 현실은 병든 현실이다. 여기에는 무속신화가 세계를 바라보는 관점이 담겨 있다. 바리는 오구대왕에게 버려지고 오늘이는 고아로 자란다. 바리가 길에서 만나는 생명과 인간은 모두 자기실현을 이루지 못한 삶을 살고 있다. 바리가 만난 첫 번째 인간은 홀로 밭을 가는 할아버지와 홀로 빨래하는 할머니다. 바리는 이들의 요구를 모두 들어주고 그 대가로 길을 안내받아 다시 떠난다. 이어서 열두 고개를 넘어가던 바리는 원혼을 만난다.

> 노인 죽은 짝지고개
> 할머니 죽은 망령고개
> 총각 죽은 몽달고개
> 처녀 죽은 보따리고개

고개마다 억울하게 죽은 귀신들이 길을 가로막는다. 바리는 이 원성을 들으며 고개를 넘는다. 그리고 황천수를 넘자 눈앞에 가시로 된 성과 쇠로 만들어진 성이 펼쳐진다.

가시성, 쇠 성이 하늘에 닿는 듯 길을 막아섰는데 넘어설 길이 없었다. 방황하던 바리가 마고할미가 준 삼색 꽃을 들어 흔들자 구름 녹듯 성이 무너지면서 성안에 갇혀있던 영혼들이 쏟아져

나왔다. 눈 없는 죄인, 팔 없는 죄인, 다리 없는 죄인, 목 없는 죄인들이 모두 몰려나와 바리한테 살려 달라고 애원을 했다. 그 모습이 어찌 불쌍한지 바리는 두 손을 모으고 그들의 극락왕생을 정성껏 기도했다. 그 정성이 통했는지 죄지은 영혼들은 고통을 털고서 어디론가 훨훨 날아갔다.

바리가 서천으로 향하는 길에서 만난 병든 생명과 오늘이가 아버지를 만나러 가는 길에서 만난 생명의 모습은 다르지 않다. 만나지 못한 남녀, 꽃 피우지 못한 나무와 하늘로 오르지 못하는 이무기는 모두 병든 생명을 상징한다. 왜 무속신화는 현실 세계를 병든 세계로 바라볼까?

창세가는 패배한 미륵의 이야기로 끝난다. 그래서 창세가는 가부장문명의 세계를 '저절로 꽃피우는 생명의 신성'을 훔친 욕심 많은 석가의 세계로 바라본다. 생명의 신성을 거세당한 세계는 자율적 생성질서가 차별의 질서로 변질된 세계를 의미한다. 따라서 석가가 통치하는 가부장문명의 세계는 병든 세계일 수밖에 없다는 것이 무속신화가 현실을 바라보는 관점이다.

따라서 신화 영웅이 해결해야 하는 과제는 병

든 생명의 치유 행위가 중심을 이룬다. 그렇기에 무속신화의 대표적 신화 영웅인 바리는 환생꽃을 구해 죽은 오구대왕을 살리고, 오늘이는 사계절의 지혜로 병든 이무기와 연꽃 나무의 신성을 회복시킨다. 이렇듯 현실 세계를 병든 세계로 바라보는 무속신화에는 '**치유원리**'가 서사의 중심원리로 자리한다.

생명의 본성과 환생꽃

환생꽃과 사계절의 지혜는 모두 창세신화가 밝힌 생명의 근원원리로서 생명의 재생원리를 상징한다. 무속신화가 한국신화의 원형인 까닭이 여기에 있다. 창세신화가 세계의 창세주체와 창세원리를 밝혀 세계관의 원형을 제시하고 있다면, 신화는 영웅의 서사를 통해 창세신화에서 제시된 생명의 근원원리를 구해 병든 현실을 구원하는 길을 제시한다. 그런 점에서 무속신화는 여타의 건국신화와 달리 창세신화에서 제시한 세계관의 근본원리를 분명히 적시하고 있다는 점에서 신화적 적통성을 확보한다.

환생꽃은 생성문명의 신성한 상징인 뱀(용)에 담긴 생명의 재생원리를 의미하고, 저절로 꽃피우는 신성한 능력으로서 생명력 자체를 의미한다. 그래서 환생꽃은 저승에서 구한 마법의 꽃이지만, 초자연적 마법이 아닌 생명의 본성 자체에 내재한 신성한 능력이기도 하다. 왜냐하면 생성문명이 바라보는 생명의 본성에는 겨울의 죽음에서 저절로 봄꽃을 피우는 환생하는 능력이 담겨 있기 때문이다.

따라서 환생꽃은 특별한 마법의 꽃이 아니라 보편적 생명(꽃)의 신성(환생)을 상징하기에, 생명의 신성을 잃어버린 가부장문명에서 환생꽃을 구하는 의미는 모든 생명의 문제로 확장된다. 이러한 관점에서 환생꽃의 의미를 재해석하면 바리가 환생꽃을 구하는 여정에 담긴 의미는 확장될 수 있다.

구도의 길을 향하는 신화 영웅

신화에서 생명의 근원원리를 구한다는 것은 곧 종교적 구도 행위로 볼 수 있다. 생명의 근원원리를 찾아가는 삶이 곧 신의 뜻을 깨쳐가는 구도의 삶이기 때문이다. 바리가 환생꽃을 구하는 과정은 구원의 신성이 환생꽃에 있음을 자각하는 과정에서부터 마지막 환생꽃을 품에 넣는 긴 여정 모두를 포괄하고 있다. 그 과정에는 자신의 고난이 어디서 비롯하는지, 그리고 고통 받는 삶을 벗어나는 길이 어디에 있는지를 깨닫고, 인간의 이성으로는 불가능해 보이는 서천으로 떠나는 자기 결단이 함께한다.

그리고 서천을 향한 길에서 열두 고개의 원혼과 가시성, 쇠 성에 갇힌 원혼을 만난 것은 중요한 의미가 있다. 바로 버림받은 자신의 삶에 한정된 시선을 벗어나 타인의 고통과 접하는 과정이기 때문이다. 그리고 마지막 목적지인 서천에 당도해서는 약수지기를 위해 자신의 삶을 내어주어야만 한다.

바리는 나무하기 삼 년, 물 긷기 삼 년, 불 때기 삼 년이라는 긴 세월 동안 노동을 하며 아이를 출산하고 양육한다. 이처럼 환생꽃으로 상징되는 생명의 근원원리를 구하는 삶의 길은 자신의 고통에 대한 근본 원인을 자각해 길을 떠나는 결단의 과정과 타인의 고통에 공감하는 과정, 그리고 마지막으로 노동과 출산 그리고 양육이라는 평범한 보통 인간이 겪는 삶의 애환을 스스로 살아내는 과정 전체를 포괄하고 있다. 그렇다면 왜 바리는 긴 고난의 삶을 선택했을까?

이는 죽어가는 오구대왕을 살리기 위해서다.

그러나 오구대왕을 살리는 길이 자기희생의 삶을 의미하지는 않는다. 왜냐하면 그 길은 곧 버려진 바리 자신의 삶을 구원하는 길이기도 하기 때문이다. 바리의 자기 구원은 자신이 버려진 이유와 문제의 근원을 자각하고 문제를 해결하기 위해 서천의 환생꽃으로 상징되는 생명의 근원원리를 깨달아야만 가능한 일이다. 그리고 오구대왕은 바리의 아버지이면서 동시에 오구왕국의 통치자다. 따라서 오구대왕의 치유는 오구대왕 개인의 치유가 아니라 오구왕국의 치유와 구원으로 확장된다.

그래서 바리가 환생꽃을 구하는 과정은 언뜻 오구대왕을 살리는 희생의 과정처럼 보이지만, 궁극적으로 자신의 구원과 공동체의 구원을 함께 이루는 과정이다. 오늘이의 여정 또한 바리와 마찬가지로 자신의 구원과 함께 장상도령과 매일낭자, 그리고 이무기와 연꽃 나무 등 공동체의 구원으로 서사가 확장된다.

따라서 바리와 오늘이가 환생꽃과 사계절의 지혜라는 생명의 근원원리를 구하는 근본 목적은 자신의 구원과 공동체의 구원을 이루는 데 있다. 자신의 구원과 함께 공동체의 구원이라는 이상적 삶의 원리를 한국문화는 상생의 원리라 부르며, 그러한 삶이 구현된 세계를 상생의 세계라 부른다는 점을 고려해 보면, 무속신화의 영웅이 궁극적으로 바라는 삶은 상생의 세계를 실현하는 데 있음을 알 수 있다.

환생꽃과 거지잔치

꽃은 한국문화 전반에 걸쳐 중요한 상징으로 자리한다. 한국문화가 생각하는 이상적 세계는 미륵의 '저절로 꽃피우는 세계'이며, 한국인은 꽃밭에서 태어나 꽃 피우는 삶을 살다 꽃상여를 타고 다시 꽃밭으로 돌아간다는 생사관을 품고 있다. 그래서 한국의 세계관을 **'꽃피우는 세계관'**으로 부를 수 있다. 창세가의 석가는 저절로 피는 꽃의 신성을 꺾어 훔치는 것으로 이야기를 끝맺지만, 무속신화는 그 꺾인 꽃의 신성을 회복하고자 하는 의지를 **'환생꽃'**에 담아 무속신화 전반에 걸쳐 중심 모티브로 삼고 있다.

환생꽃은 또 다른 무속신화의 영웅이자 곡물신이 되는 자청비가 그녀를 따르며 괴롭히던 하인 정수남을 다시 살리는 꽃이다. 그리고 저승의 서천 꽃밭을 지키는 꽃감관의 자리에 오르는 할락궁이가 죽은 어머니 원강아미를 살리는 꽃이기도 하다.

환생꽃을 구하는 궁극의 목적이 상생의 세계를 실현하는 데 있다고 할 때, 상생의 세계를 실현하는 상징적 모티브는 무엇일까? 바로 '**거지잔치**'다.

환생꽃과 마찬가지로 신화의 여러 이야기에 반복적으로 등장하는 거지잔치는 환생꽃과 함께 무속신화 전체의 중심 모티브로 중요한 상징성을 지닌다. 거지잔치는 앞을 볼 수 없는 장애를 가진 맹인잔치로 구현되기도 한다. 무속신화의 운명신 감은장아기의 맹인잔치를 구경해 보자. 스스로 운명의 주체임을 입 밖으로 표현한 감은장아기는 부모의 미움을 받고 쫓겨난다. 고생 끝에 부자가 된 감은장아기는 자신을 버린 벌로 눈이 멀어버린 부모를 만나기 위해 석 달 열흘 동안 거지 잔치를 연다. 그렇게 거지잔치에서 부모는 눈을 뜨게 되고, 저주받은 언니들도 저주가 풀려 본래의 모습을 회복한다.

감은장아기의 부모와 언니들이 병들거나 눈이 멀고, 저주를 받아 지네와 말똥버섯으로 변하는 계기는 오구대왕과 마찬가지로 모두 신화에 담긴 생명의 신성을 부정하는 행위에서 비롯한다. 이렇듯 무속신화에서 저주나 신체적 병듦이란 신성을 부정하거나 신성을 잃어버린 생명의 상태를 의미하는 은유적 표현으로 해석할 수 있다. 마찬가지로 거지잔치의 거지도 신성주체로서 자신의 삶을 향유하지 못하는 인간의 은유적 표현으로, 현실에서 소외된 인간을 상징한다고 볼 수 있다. 거지잔치가 등장하는 두 번째 무속신화는 '일월신 궁상이와 해당금이' 이야기다.

　　옛날, 하늘 옥황궁에 궁상이라는 젊은 선비가 잘못을 저질러 쫓겨나 인간 땅에 귀양 보내져 가난하게 살다 어여쁜 해당금이를 만나 장가를 든다. 그러던 어느 날, 궁상이는 해당금이의 미모를 탐낸 배선이에게 속아 해당금이를 뺏기고 만다. 아프다는 핑계로 배선이를 만나지 않는 해당금이는 혼자 방에 틀어박혀 구슬 옷을 짓는다. 배선이의 아내가 되어달라는 닦달이 일 년이 넘어 더 버틸 수 없게 되자, 해당금이는 마지막 청으로 거지잔치를 조건으로 내세운다. 거지잔치에서 궁상이를 만난 해당금이는 궁상이에게 구슬 옷을 입게 하고 함께 하늘로 오른다. 금실 좋게 살던 둘은 훗날 궁상이는 해의 신이 되고, 해당금이는 달의 신이 되었다.

이렇듯 거지잔치는 환생꽃과 함께 무속신화의 중심 모티브로 자리매김한다.

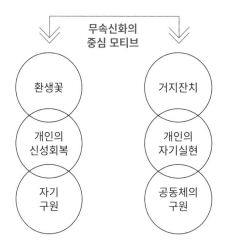

신화 영웅이 환생꽃을 구하는 과정이 자기 구원을 의미한다면 거지잔치는 공동체의 구원을 의미한다. 개인의 구원이 공동체의 구원으로 확장되는 이유는 생성의 세계관에서 개인의 자기실현 과정을 관계의 회복에 두고 있기 때문이다. 바리의 자기실현은 단절된 관계의 회복을 통해서 이루어지며, 그래서 아버지인 오구대왕의 치유는 바리의 자기실현이기도 하다. 관계적 생성질서에서 개인의 자기실현을 위해서는 먼저 관계에 참여하는 다른 주체의 신성이 함께 회복되어야 한다. 그래서 생성의 세계관에서 개인의 자기실현은 관계로 확장되며, 확장된 관계는 궁극적으로 상생의 세계를 구현하는 공동체의 구원으로 이어질 수밖에 없다. 한국의 세계관을 상생의 세계관으로 부른 이유가 여기에 있다.

바리와 오늘이 이야기에는 거지잔치 모티브가 나오지 않지만, 두 신화의 이야기에도 환생꽃과 사계절의 지혜를 구하는 자기 구원의 과정과 거지잔치로 상징되는 공동체의 구원을 함께 이루어 상생의 세계를 구현하는 내용이 동일하게 담겨 있다. 환생꽃을 품에 안은 바리가 오구왕국의 통치자인 오구대왕을 살리는 과정은 병든 오구대왕의 신성 회복을 통한 오구왕국 전체를 구원하는 일로서 거지잔치를 여는 의미와 다르지 않으며, 오늘이가 사계절의 지혜를 깨닫고 돌아가는 길에 장상도령과 매일이 낭자, 이무기와 연꽃 나무의 자기실현을 돕는 과정 또한 거지잔치와 다르지 않다. 이렇듯 무속신화 여러 곳에 등장하는 거지잔치 모티브는 승계되어 한국인이 사랑하는 심청전의 맹인잔치로까지 이어진다.

심청전과 맹인잔치

심청이 심 봉사를 만나기 위해 용궁에서 벌이는 맹인잔치가 바로 거지잔치다. 심청은 아버지 심 봉사를 만나기 위해 전국의 모든 맹인을 초대한다. 그리고 아버지가 눈을 뜨는 순간 잔치에 초대된 모든 맹인이 눈을 뜬다. 아래는 인간문화재 5호 보유자인 성창순 님의 심청가 사설 집 중 심 봉사가 눈을 뜨는 장면이다.

만좌(滿坐) 맹인(盲人)이 눈을 뜬다. 어떻게 눈을 뜨는고 하니, 전라도(全羅道) 순창담양(淳昌潭陽), 새 갈모 떼는 소리로 짝짝하더니마는, 모두 눈을 떠버리는구나. 석 달 동안 큰 잔치에, 먼저 나와 참여하고, 내려간 맹인들도 저희 집에서 눈을 뜨고, 미쳐 당도 못 한 맹인, 중로(中路)에서 눈을 뜨고, 가다가 뜨고, 오다가 뜨고, 서서 뜨고, 앉아 뜨고, 실없이 뜨고, 어이없이 뜨고, 화내다 뜨고, 울다 뜨고, 웃다 뜨고, 떠보느라고 뜨고, 시원히 뜨고, 앉아 놀다 뜨고, 자다 깨다 뜨고, 졸다 번뜻 뜨고, 지어(至於) 비금주수(飛禽走獸 날짐승과 길짐승을 통틀어 이르는 말)까지, 일시(一時)에 눈을 떠서, 광명천지(光明天地)가 되었구나.

맹인잔치에서는 심 봉사만 눈을 뜨는 것이 아니다. 맹인잔치에 참석한 모든 맹인 및 잔치에 참석하지 못한 맹인 모두가 눈을 뜬다. 심지어 날짐승과 길짐승까지 눈을 뜬다. 거지잔치에 담긴 핵심 원리가 관계에 참여하는 공동체 구성원의 치유를 통한 상생의 세계를 구현하는 것이라 할 때, 심청전의 맹인잔치는 무속신화 속 거지잔치의 상생원리를 승계함과 동시에 그 의미를 확장한다. 거지잔치라는 설정이 중요한 의미를 가지는 또 다른 이유는 공동체의 구원을 '잔치'라는 공동체의 축제를 통해 구현한다는 데 있다. 한국문화에서 공동체의 축제인 잔치판은 모든 사람에게 열려 있다.

그리고 무속신화의 거지잔치는 석 달 열흘이라는 시간적 의미가 상징하듯 지속적으로 이어진다. 석 달 열흘 동안 이루어지는 잔치는 개인의 구원이 공동체의 구원으로 확장되는 시간이기도 하다. 맹인잔치에 참여한 공동체의 맹인들은 배불리 먹는 것을 넘어 함께 눈을 뜸으로써 무속신화의 거지잔치에 담긴 치유와 상생의 의미를 완성한다. 그래서 심청전의 맹인잔치는 무속신화의 거지잔치를 계승할 뿐만 아니라 거지잔치에 담긴 문화적 이상을 가장 높은 지점에서 구현하고 있다.

무엇을 경계하는가

신화가 특정한 인간의 행위를 경계하는 것은 그러한 행위가 태초에 신의 뜻에 따라 구현된 인간 공동체의 질서를 타락시킨다고 보기 때문이다. 그렇기에 정복신화권은 이분법적 신성질서를 타락시키는 행위가 인간의 교만에서 비롯한다고 보았다. 그렇다면 생성신화권의 무속신화에서는 무엇이 신성질서를 위협한다고 보았을까? 바로 **욕심**이다.

한국인은 지금도 삶에서 일어나는 여러 가지 문제를 종종 욕심 탓으로 돌린다. 그런데 욕심은 무엇을 의미하기에 이토록 한국문화에 깊이 뿌리를 내린 것일까? 욕심의 한자어 표기는 慾心과 欲心 두 가지가 병기돼 있다. 慾 자를 찾아보면 욕심 욕으로 나와 있다. 욕심의 뜻을 알기 위해 욕의 의미를 찾았더니 다시 욕심을 말하는 이 단어에서는 답을 찾기 어렵다. 두 번째 欲心의 欲 자를 찾아 뜻을 살피면 '하고자 할 욕'으로 적혀 있다. 하고자 할 욕이라면 첫 번째로 떠오르는 단어가 의욕이다. 무언가를 하기 위한 능동적 의지를 왜 욕심이라 할까?

욕심을 단순히 탐심·탐욕으로 해석하면 어렵

지 않지만 왜 욕심의 어원이 '하고자 하는 마음'일까 하는 문제에 대한 답은 쉽게 다가오지 않는다. 그런데 '하고자 하는 마음'에 담긴 의미는 창세가에 등장하는 꽃피우기 대결 과정에서 그 단서를 찾을 수 있다. 왜 미륵과 석가는 꽃피우기 내기에 일체의 인위적 개입을 허락하지 않은 채로 대결을 벌일까? 꽃은 저절로 피는 것이다. 꽃을 피우는 과정에 인위적으로 개입하고자 하는 마음을 '하고자 하는 마음', 즉 욕심이라 본 것이다. 그래서 한국문화에서 욕심은 **'인위적인 행위'**와 연관된다. 한자어 인위(人爲)의 위(爲)는 '하다, 만든다'는 뜻으로 작위(作爲), 즉 '인위적으로 만들고자 하는 행위'와 같은 의미로 쓰인다. 한국문화가 인위적인 행위를 욕심의 행위로 바라보는 이유는 세계의 이상 질서를 인위적 개입이 없는 '저절로' 꽃피우는 자연(自然)의 질서로 바라보기 때문이다.

창세가는 욕심의 문명적 근원을 석가의 행위에서 찾는다. 한국문화가 욕심을 경계하는 문화적 연원은 여기서 비롯한다. 저절로 꽃피우는 신성을 꺾어 소유하고자 하는 석가의 마음이 바로 욕심이다. 꽃을 피우지 못한 석가는 저절로 피어 있는 '꽃을 꺾어' 훔친다. 꽃을 훔치는 과정과 꽃을 꺾는 과정은 동시에 이루어진다. 꽃을 꺾어 훔친 석가의 욕심이 스스로 생성하는 생명의 신성을 빼앗아 물질화하고 소유의 대상으로 전락시켰다.

꽃피우기 신화와 혼돈의 죽음 이야기는 같은 맥락에서 생성신화권이 해석하는 생명의 신성이 무엇인지, 그리고 무엇이 생명의 신성질서를 파괴하는지를 잘 보여준다. 신성이 파괴된 병든 생명을 의미하는 혼돈의 죽음과 꺾인 꽃은 모두 생명의 자율적 생성 과정에 개입된 인위적 행위에서 비롯된다. 혼돈의 죽음에는 꽃피우기 과정에 인위적으로 개입한 석가의 욕심보다 더욱 본질적인 문제의식이 담겨 있다.

무속신화가 경계하는 욕심의 첫 번째 의미는 바로 혼돈을 죽음에 이르게 한 사람들의 마음으로, 저절로 꽃피우는 생명의 본성을 부정하고 인위적으로 꽃을 피우고자 하는 마음을 말한다. 두 번째 의미는 꽃을 꺾어 훔친 석가의 마음으로, 인위적으로 개입하게 만든 근본 마음으로서 탐심과 탐욕이다. 따라서 한국문화에서 욕심을 경계하는 문화는 단순한 윤리적 메시지가 아니라 저절로 꽃 피우는 생명의 본성을 신성시하는 세계관이 그 뿌리에 자리하고 있다.

세 개의 여의주를 품은 이무기

무속신화에서 욕심이 문제가 되는 것은 욕심이 스스로 꽃을 피우는 신성의 질서를 파괴하기 때문이다. 꽃피우는 세계관에 뿌리를 둔 무속신화에서 욕심에 대한 관점은 오늘이가 만난 이무기와 연꽃 나무가 잘 보여주고 있다. 용이 여의주를 물고 하늘로 오른다는 것은 나무가 자신의 씨앗에 담긴 본성대로 스스로 꽃을 피우는 자기실현을 의미한다. 무속신화에서는 저절로 꽃피우는 나무의 생명력을 '환생꽃'이라는 상징에, 용이 저절로 하늘로 오르는 생명력을 '여의주'란 상징에 담고 있다. 따라서 모든 생명은 재생하는 생명력을 의미하는 '환생꽃'을 품고 있으며, 뜻하는 대로 자신의 본성에 담긴 씨앗을 스스로 꽃피울 수 있는 '여의주'를 품고 있다.

그러나 석가의 세계에서 생명은 환생꽃과 여의주로 상징되는 신성주권을 상실한 병든 생명으로 살아간다. 그래서 무속신화가 바라보는 모든 꽃은 병든 현실에서 스스로 피우지 못하는 꽃이며, 모든 용은 여의주를 잃은 이무기로 살아간다. 그런데 오늘이가 만난 이무기는 세 개의 여의주를 품고 있다. 일반적으로 이무기란 여의주를 잃은 용을 의미하는 데 반해, 세 개의 여의주를 품고도 왜 하늘로 오르지 못하는 이무기가 되었을까? 연꽃 나무의 상황도 독특하다. 그냥 꽃피우지 못하는 나무가 아닌, 윗가지만 꽃 피운 나무란 설정은 어떤 의미인가? 여기에는 무속신화가 욕심을 바라보는 또 다른 관점이 담겨 있다.

꽃피우지 못하는 나무

오늘이가 만난 이무기와 꽃피우지 못하는 나무의 이야기는 욕심에 대한 관점을 개인의 문제에서 사회적 관계로 확장한다. 나무는 맨 윗가지가 꽃을 독점함으로 인해 나머지 가지에서는 꽃이 피지 못한다. 공유해야 할 생명의 신성을 특정한 주체가 독점하는 바람에 나머지 가지는 꽃을 피울 수 없게 된 것이다. 세 개의 여의주를 문 이무기의 문제도 연꽃 나무처럼 관계 속에서 해석할 수 있다. 이야기에는 등장하지 않지만, 세 개의 여의주를 독점한 이무기 곁에는 연꽃 나무와 마찬가지로 여의주를 잃은 나머지 이무기들이 있다고 해석할 수 있다. 그래서 무속신화에서 욕심의 문제는 개인의 윤리적 문제에 국한되지 않는다.

홀로 꽃피운 가지와 세 개의 여의주를 혼자

독차지한 이무기의 욕심은 개인의 문제에서 관계의 문제, 그리고 공동체의 문제로 확장된다. 사계절의 지혜는 특정 생명체가 생성주권을 독점한 인위적 질서에서 벗어나 자연의 질서를 회복하는 것이 바로 치유의 길임을 밝히고 있다. 그렇다면 무속신화가 경계하는 욕심은 정복신화권의 신화가 경계하는 교만과는 어떤 관계를 이루고 있을까?

교만을 경계하는 정복신화에는 신과 인간, 권력과 인간의 위계질서를 고착화하여 황금을 독점하는 정복권력의 질서를 정당화시키는 정치적 전략이 숨어 있다. 반면에 무속신화가 경계하는 욕심 또한 황금을 독점하고자 하는 가부장문명의 병든 질서를 겨냥하고 있다. 그래서 신화는 정치적이다. 교만을 지목하는 정복신화가 정치적이듯, 욕심을 경계하는 무속신화 또한 정치적이다.

무속신화와 한국의 문화원형

생성문명의 창세신화는 뱀(용)과 복희여와도라는 두 가지 신화적 상징을 중심으로 창세질서를 밝히고 있다. 생명의 근원원리를 담고 있는 뱀 상징은 '환생꽃'으로 승계되고, 생명계의 생성질서를 담고 있는 복희여와도의 신화적 상징은 '거지잔치'

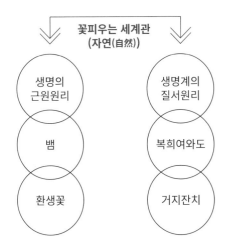

로 승계된다. 그래서 무속신화의 서사 주제는 '잃어버린 신성을 회복하여 상생의 세계를 구현하다.'로 요약할 수 있으며, 핵심 모티브인 환생꽃과 거지잔치를 통해 표현하면 '환생꽃을 구해 거지잔치를 열다.'로 요약할 수 있다.

환생꽃을 구해 거지잔치를 여는 무속신화에 담긴 서사의 지향점은 생명의 근원원리를 바탕으로 관계적 생성질서를 구현하는 창세질서를 회복하는 데 있다. 이렇듯 창세신화에 담긴 세계의 설계도가 다시 집을 복원하는 설계도가 된다는 것은 창세신화와 무속신화가 동일한 세계관에 기반을 두고 있음을 말해준다.

현실 세계가 미륵이 패배한 세계라는 창세가의 이야기에는 석가의 병든 세계를 치유하고 다시 미륵의 세계를 되찾고자 하는 기층 민중의 꿈이 담겨 있다. 창세가에 담긴 미륵의 꿈이자, 기층 민중의 이루지 못한 꿈이 무속신화의 서사원리로 승계된다. 저절로 꽃피우는 생명의 근원원리를 승계하고자 하는 문화의지가 '환생꽃'에 담겨 있다면, '거지잔치'에는 상생의 세계를 구현하고자 하는 염원이 담겨 있다.

창세신화가 세계관을 밝힌다면 영웅신화는 인간에게 신성실현의 길을 제시함으로 문화의 원형을 정립한다. 창세신화에 담긴 신성과 세계관을 승계한 무속신화는 환생꽃과 거지잔치라는 핵심 모티브를 통해 '환생꽃을 구해 거지잔치를 열다.'라는 서사원리로 한국의 문화원형을 정립한다.

과거의 신화, 미래의 신화

정복신화의 서사 주제를 요약하면 '용을 살해하고 황금을 독점한다.'로 표현할 수 있다. '용의 살해'는 무속신화의 '환생꽃'과 대응하고, '황금의 독점'은 '거지잔치'와 대응한다.

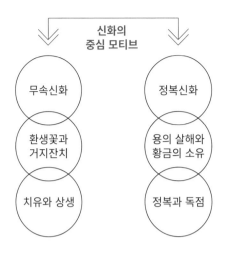

신화의
중심 모티브

무속신화

환생꽃과
거지잔치

치유와 상생

정복신화

용의 살해와
황금의 소유

정복과 독점

용의 살해와 환생꽃이 대응한다는 것은 중요한 의미가 있다. '용의 살해'라는 핵심 모티브에는 생명의 신성을 부정하고 정복의 대상으로 삼는 정복신화의 본질이 담겨 있다면, 환생꽃에는 생명이 신성을 잃은 병든 현실에서 신성주권을 회복하고자 하는 의지가 담겨 있다. 그리고 '황금의 독점'과 '거지잔치'에는 신화가 추구하는 궁극의 목적이 담겨 있다. '황금의 독점'이 용을 살해하는 정복신화가 추구하는 궁극의 목적을 담고 있다면, '거지잔치'는 무속신화가 추구하는 이상세계에 대한 꿈을 담고 있다.

이렇듯 생성문명을 부정한 정복신화가 가부

장문명의 세계관을 뒷받침하고 있다면 한국의 무
속신화는 가부장문명 속에서 부정당한 생성문명
의 세계관을 승계하고자 한다. 따라서 가부장문명
의 현실을 지배하는 정복신화와 가부장문명 너머
를 꿈꾸는 무속신화는 서로 대립한다. 용을 살해하
고 황금을 독점하는 문화는 현재의 문화이지만, 환
생꽃과 거지잔치에 담긴 문화의 시선은 현실 너머
를 향한다. 이 책이 영웅신화를 창세신화와 반대로
배치한 이유가 여기에 있다. 정복신화는 가부장문
명의 신화로서 현실을 지배하는 신화지만, 정복신
화가 지배하는 현실을 병든 세계로 바라보는 무속
신화의 시선은 현실을 넘어 미래로 향해 있기 때문
이다.

거지잔치와 초대장

　무속신화의 핵심 상징이 환생꽃과 거지잔치
에 있다는 의미는 무속신화가 단순히 창세신화에
담긴 세계관을 이어받는 것을 넘어 인류가 공유했
던 생성문명의 신성을 잇는다는 것을 뜻한다. 환생
꽃이 꼬리를 문 뱀인 우로보로스와 가이아문명의
타르타로스에 담긴 신성을 승계한다면, 거지잔치
는 생명계의 생성질서이자 관계원리를 가진 에로

스의 신성한 꿈을 승계한다. 따라서 환생꽃을 구해 거지잔치를 여는 서사원리를 문화원형으로 승계한 한국문화가 품은 꿈은 잃어버린 인류의 보편적 꿈과 다시 만난다.

미래를 향해 열려 있는 거지잔치의 꿈은 인류의 보편적 꿈과 이어지는 한국의 신화가 피어올린 가장 아름다운 꽃이다. 잔치판에는 만나지 못한 남녀는 물론, 꽃피우지 못한 연꽃 나무와 하늘로 오르지 못한 이무기도 참여한다. 연꽃 나무와 이무기는 꽃피우지 못한 가지들과 다른 이무기들에게 꽃과 여의주를 나누어 주고, 잔치를 통해 함께 구원을 이룬다. 그리고 바리가 만난 가시성과 쇠 성에 갇힌 원혼들과 함께 황금반지를 빼앗긴 채 저주의 세월을 보내는 난쟁이족과, 희망 없는 노동의 굴레에 갇힌 시시포스에게도 거지잔치의 초대장은 전해진다. 이들은 초대받은 손님으로서 잔치판의 축제에 참여함으로 스스로 구원을 이룬다.

왜 _____

미의_____여신은

___전쟁의__신을

사랑하는가_____

신화 속 여성은 어떤 삶을 살았을까? 거대한 용으로 변하는 거인 티아마트가 '혼돈의 어머니'라는 점을 고려해 보면, 창세신화의 세 가지 중심 상징인 뱀(용)과 거인, 그리고 혼돈은 모두 여성을 향하고 있다는 것을 알 수 있다. 먼저 창세신화의 세 가지 신성한 상징을 부정하는 정복신화는 여성을 어떤 존재로 바라보는지부터 살펴보자.

불행을 가져오는 존재, 판도라

정복신화는 여성을 인간 세상에 불행을 불러오는 존재로 규정한다. 히브리 민족의 창세신화는 이브가 뱀의 유혹에 빠져 선악과를 먹고, 이를 아담에게 권함으로써 인류의 타락이 시작되었다고 전한다. 인류의 불행이 여성으로부터 시작되었다고 규정하는 신화는 또 있다. 바로 판도라의 이야기다. 판도라는 제우스가 인간을 벌하기 위해 헤파이스토스를 시켜 진흙으로 빚어 만든 최초의 여성이다. 판도라의 아름다움에 반한 에피메테우스는 형인 프로메테우스의 만류에도 불구하고 판도라를 아내로 삼는다. 제우스는 헤르메스를 시켜 판도라에게 상자를 하나 전달하는데, 그 안에는 인간에게 불행을 가져오는 온갖 나쁜 재앙과 악덕이 들어 있었다. 헤르메스는 상자를 건네주며 판도라에게 호기심을 불어넣어 그것을 열어보게 하였고, 그 결과 인간 세상에는 온갖 불행이 퍼지게 되었다고 신화는 전한다.

최초의 여성 이브와 판도라는 모두 인간 세계에 불행을 가져온 존재이자 여성상의 원형으로 자리한다. 이브는 신처럼 되고자 하는 교만함으로 인간을 타락시킨 존재다. 여성을 교만한 존재로 규정하는 데는 중요한 의미가 담겨 있다. 왜냐하면 교만의 본질이 생명의 본성인 혼돈함에 닿아 있고 혼돈함은 생성문명이 바라보는 생명의 신성을 의미하기 때문이다. 여성을 혼돈한 뱀과 내통하는 존재이자 교만한 존재로 규정하는 정복신화의 관점은 역으로 여성을 생성문명의 신성을 승계하는 존재로 바라보고 있음을 의미한다. 이제 여성이 인간 세상에 전쟁이라는 불행을 불러왔다고 전하는 또 다른 정복신화 이야기를 만나보자.

전쟁을 불러들이는 존재

결혼식에 초대받지 못한 불화의 여신 에리스는 그 분풀이로 식장에 <가장 아름다운 여신에게>라고 쓴 황금사과를 던져 놓는다. 곧, 헤라와 아프로디테(로마신화의 비너스), 아테나 모두가 자기가 가장 아름다운 여신이며, 따라서 자신이 황금사과의 주인이라 주장해 결혼식장은 싸움터가 된다. 이에 세 여신은 판정관으로 지목된 트로이의 왕자 파리스에게 저마다 보상을 약속한다. 헤라는 파리스에게 한없는 힘을, 아테나는 지혜를, 아프로디테는 최고의 미녀를 제시하였고, 그는 최고의 미녀를 약속한 미의 여신 아프로디테를 가장 아름다운 여신으로 지목한다. 덕분에 황금사과를 차지한 아프로디테는 약속한 대로 파리스에게 스파르타 왕국의 왕비인 세상에서 가장 아름다운 여인 헬레네의 사랑을 얻게 해준다. 그 결과, 파리스에게 아내 헬레네를 빼앗긴 스파르타 왕 메넬라오스와 파리스의 조국 트로이는 십여 년에 걸친 대 전쟁을 벌이게 된다.

전쟁의 발단이 여신들의 다툼에서 비롯하였고, 전쟁 또한 세상에서 가장 아름다운 여인 헬레네 때문에 시작되었다. 세상에 불화를 일으키는 여성의 이야기는 여기서 그치지 않는다. 정복신화 속 여성은 복수심으로 인해 인간사회에 불행을 선사하는 잔혹한 존재로 등장하기도 한다. 배신한 남자에 대한 증오로 잔혹한 '복수의 화신'이 된 메데이아의 이야기다.

메데이아는 황금 모피를 찾아 원정에 나선 영웅 이아손을 사랑하게 된다. 이아손은 메데이아의 지혜와 마법 덕분에 과제를 모두 해결하고 마침내 용이 지키는 황금 모피를 손에 넣는다. 모든 것을 버리고 이아손을 따라나선 메데이아는 위기가 닥칠 때마다 이아손을 돕지만 결국 버림받게 된다. 분노한 메데이아는 이아손이 새 신부와 결혼하는 날, 옷에 독을 발라 신부를 살해한다. 독이 묻은 옷 때문에 살이 타들어 가는 딸을 구하려다 신부의 아버지도 함께 타 죽었지만, 메데이아의 복수는 여기서 그치지 않았다. 이아손으로부터 버림받은 배신

감에 몸을 떨던 그녀는 자기 배로 낳은 자식들마저 죽이고 만다.

이렇듯 여성을 교만함으로 세상에 불행을 불러온다고 해석한 정복신화는 여성을 전쟁을 불러오는 존재이자 복수의 화신으로 남성을 파멸시키는 잔혹한 존재로 규정한다. 이제 여성을 '불화를 일으키는 존재'이자 '복수의 화신'으로 바라보는 정복권력의 시선이 '미의 여신'의 탄생 과정에 어떻게 투영되어 있는지 살펴보자.

왜 미의 여신은 복수의 여신과 함께 탄생할까

미의 여신은 그리스신화에서는 아프로디테로, 로마신화에서는 비너스로 불린다. 그런데 아름다운 여신이라는 이미지와는 달리 미의 여신은 피거품에서 탄생한다. 그 피는 가이아의 남편이자 아들인 우라노스의 잘린 남근에서 흘러나온 피다. 신화는 미의 여신이 탄생하는 순간을 이렇게 기록한다.

크로노스가 낫으로 남근을 잘라 육지로부터 파도가 일렁이는 바닷물 속으로 던졌다. 그러자 바다에 떨어진 남근은 파도로 출렁이는 바닷물

위를 오랫동안 둥둥 떠다녔다. 그러다가 그 영생
불멸의 살점에서 흰 거품이 일더니, 그 속에서 한
소녀가 자라났다.

 우라노스가 자식들을 못마땅하게 여겨 타르
타로스에 감금하자 화가 난 가이아는 또 다른 자식
인 크로노스를 시켜 우라노스의 남근을 거세할 계
획을 세운다. 우라노스가 가이아와 관계를 맺으려
는 순간 크로노스가 낫으로 아버지 우라노스의 남
근을 절단하고 그 과정에서 미의 여신이 태어난다.
잘린 남근의 피에서 미의 여신과 함께 또 다른 여
신이 태어난다. 바로 복수의 여신이다.
 복수의 여신, 세 자매는 우라노스의 잘린 남
근의 피가 가이아의 몸속으로 흘러들어 탄생한다.
복수의 여신, 에리니에스 세 자매의 머리에는 뱀이
우글거리고 눈에 피가 흐른다. 복수의 여신이 뱀의
형상을 하고 있다는 것은 복수의 여신이 가이아문
명의 신성을 상징하고 있음을 알 수 있다. 그런데
왜 복수의 여신은 가이아의 신성인 뱀의 형상을 하
고 있을까? 복수의 여신이 태어난 직접적인 계기
는 자식들을 감금시킨 우라노스를 향한 가이아의
복수심이다. 그러나 뱀의 형상을 한 복수의 여신이

태어나는 과정에는 이야기에 드러나지 않은 보다 본질적인 의미가 숨겨져 있다.

정복신화는 가이아의 신성을 부정하고 제우스가 새로운 주신이 되는 과정에서 가이아문명의 몰락을 가이아문명의 신성인 혼돈함에서 비롯하는 것으로 신화의 이야기를 꾸민다. 그래서 신화는 부모와 자식이 서로 복수를 이어가는 가이아문명 내부의 혼란상을 극대화시키고 이를 통해 혼돈을 생명의 근원원리로 삼은 가이아의 신성을 복수의 신성으로 변질시킨다. 이것이 가이아의 몸에서 혼돈한 뱀의 형상을 한 복수의 여신이 태어나는 과정에 담긴 본질적 의미다.

그렇다면 왜 복수의 여신은 미의 여신과 함께 탄생할까? 미의 여신이 태어나는 과정에 복수의 여신이 함께 태어난다는 이야기에는 가이아의 신성을 물려받은 여성이 자신의 아름다움을 이용하여 복수하는 존재라는 관점이 숨겨져 있다. 이러한 맥락 속에서 혼돈의 신성을 물려받은 여성은 교만함과 복수심으로 불화를 일으키는 존재로 귀결된다.

여성을 바라보는 신화의 시선

신화가 여성을 어떻게 바라보는지에 대한 또 다른 시선이 있다. 바로 아름다운 여성에 대한 숭배이다. 기원전 4세기경 그리스 아테네에 아프로디테 신상의 모델이 될 만큼 아름다웠던 '프리네'라는 여인이 있었다. 불경죄로 재판정에 선 그녀를 사랑한 히페레이데스는 사형을 선고한 배심원 앞에서 프리네의 알몸을 공개한 후 "신상에 자신의 아름다움을 빌려줄 만큼 아름다운 이 여인을 꼭 죽여야 하는가?"라고 묻는다. 그녀의 알몸을 본 배심원들은 "저 아름다움은 신의 의지로 받아들여야 할 정도로 완벽하다. 따라서 그녀 앞에서 사람이 만들어낸 법은 효력을 발휘할 수 없다. 그러므로 무죄를 선고한다."라는 판결을 만장일치로 내리게 된다.

정복신화가 여성을 바라보는 시선은 이중적이다. 여성은 인간에게 불행을 가져오는 '악'한 본성을 가진 존재이자, 죄를 용서할 만큼 아름다운 존재로서 숭배의 대상이기도 하다. 여성에 대한 이중적 시선으로 만들어진 여성상이 바로 **'불화를 불러오는 아름다운 여성'**이다. 19세기 말부터 보편적으로 사용되기 시작한 팜므파탈(요부형 여성)은 남

228

성을 유혹해 죽음이나 고통에 이르게 할 만큼의 아름다운 여성을 말한다.

팜므파탈은 정복신화가 바라보는 여성상을 잘 대변한다. 팜므파탈은 남성을 유혹하는 존재이자 동시에 파멸시키는 존재다. 이브와 판도라에서 시작된 팜므파탈형 여성상은 복수의 화신인 메데이아를 비롯하여 삼손을 파멸시킨 구약성서의 데릴라, 헤롯왕에게 예언자 세례 요한의 목을 요구한 신약성서의 살로메에게까지 이어지며 정복신화의 전형적 여성상으로 자리를 굳힌다. 이제 미의 여신에 담긴 여성상이 어떻게 에로스의 신성으로 이어지는지를 살펴보자.

아름답지만 남성의 힘을 마비시키는 신

가이아문명은 생성문명의 신성을 공유한다. 그래서 생명계의 질서원리를 상징하는 에로스는 창세과정에서 생명의 근원원리를 뜻하는 타로타로스와 함께 창세질서의 중심축을 구성한다. 그러나 정복신화에서 전하는 에로스는 복희와 여와처럼 뱀 형상을 공유한 두 남녀의 결합이 아닌 전혀 다른 모습을 하고 있다. 신들의 계보를 밝힌 『신통기(神統記)』에 기록된 에로스를 다시 살펴보자.

에로스는 영생불멸의 신 중에서 가장 아름다운 신이었으며, 모든 신과 인간들의 머릿속의 이성과 냉철한 사고를 압도하며 다리의 힘을 마비시키는 신이었다.

신통기에 기록된 에로스는 아름다운 신이다. 신통기가 가이아문명의 창세과정을 담은 중요한 기록이긴 하지만, 신통기의 관점은 가이아문명의 신성한 상징을 부정한 정복신화와 다르지 않다. 신통기는 생명의 근원원리인 타르타로스의 변질과 함께 에로스에 담긴 창세질서의 의미도 변질시킨다. 그 과정에서 신통기는 에로스에 담긴 생명체의 보편적 관계질서를 남녀 간의 관계로 한정시킨다. 그런데 왜 남녀관계로 한정된 에로스 신을 '아름답지만, 이성과 사고를 압도하며 신과 인간의 힘을 마비시키는' 신으로 해석하였을까?

신통기는 에로스를 '남녀 간의 관계'로 한정해서 해석할 뿐만 아니라 남녀관계 또한 남성 중심으로 해석한다. 남성 중심으로 해석한 남녀관계에는 남성이 바라보는 여성에 대한 관점이 담겨 있다. 그래서 신통기의 기록은 정복권력인 남성의 시선에서 바라본 아름다운 여성을 의미한다. 신통기의 에로스에 담긴 여성상은 정복신화가 규정한 '불화를 불러오는 아름다운 여성'상과 일치한다. 이브와 판도라에서 시작되는 '아름답지만, 불화를 일으키는 존재'로서의 여성상은 복수의 여신과 함께 태어난 미의 여신으로 이어지고, 다시 신통기에 기록된 에로스의 신성에 담긴 여성상으로 이어진다. 이제 정복신화의 여성상을 그대로 물려받은 에로스가 탄생하는 이야기를 들어보자.

에로스는 어떻게 탄생하는가

에로스는 원래 가이아문명의 창세질서를 상징하는 신성이다. 그런데 정복신화에서 에로스가 다시 탄생한다는 의미는 원래 존재하던 가이아문명의 에로스가 파괴되었음을 의미한다. 앞선 장에서 에로스의 신성을 상징하는 티폰과 에키드나가 괴물의 부모로 전락하는 과정을 살펴보았다. 이 장에서는 또 다른 관점에서 가이아문명의 에로스가 파괴되는 상징적 의미가 담긴 사건과 함께 새로운 에로스가 탄생하는 과정을 만나보고자 한다.

에로스의 어머니는 미의 여신인 아프로디테다. 따라서 에로스가 태어나는 신화적 맥락은 어머니인 미의 여신이 태어나는 과정까지 거슬러 올라간다. 왜 미의 여신은 우라노스의 남근이 거세되는 과정에서 탄생하였을까? 가이아는 처녀생식을 통해 낳은 우라노스(하늘), 우레아(산) 그리고 폰토스(바다) 등의 남신과 결합하여 후손인 거인족의 시대를 연다. 가이아가 우라노스를 비롯한 남신과의 관계에서 후손을 가졌다는 것은 가이아와 남신의 결합이 지구 생명계에 생명을 탄생시켰다는 상징적 의미를 지닌다. 그런데 둘의 결합은 우라노스의 남근 거세로 좌절된다.

우라노스의 남근 거세는 그 자체로도 중요한 신화적 상징성을 담고 있다. 생성문명에서 남녀의 생식기는 생산과 풍요를 상징하는 신성한 상징물이다. 남녀의 생식기를 신성시하는 문화는 생명계의 생성질서를 상징하는 '남녀의 결합'을 신성시하는 생성문명의 세계관에 뿌리를 두고 있다. 따라서 가이아와 결합한 우라노스의 남근이 거세되는 과정은 남녀의 결합으로 상징되는 생성문명의 에로스가 파괴되는 과정을 상징적으로 보여준다.

그리고 우라노스의 남근 거세와 함께 태어난 미의 여신 아프로디테는 첫 번째 남편인 대장장이의 신 헤파이스토스를 버리고 전쟁의 신 아레스와 연인관계가 된다. 우라노스의 잘린 남근의 피거품에서 태어난 미의 여신이 전쟁과 파괴의 신을 연인으로 선택했다는 것은 미의 여신이 전쟁과 불행을 불러들인다는 의미로, '불화를 불러오는 아름다운 여성'이라는 여성상을 미의 여신이 그대로 잇고 있음을 잘 보여주고 있다. 그리고 미의 여신과 전쟁의 신 사이에 태어난 자식이 바로 에로스 신이다. 그렇다면 생성문명의 에로스를 대체하는 새로 탄생한 에로스는 어떤 모습일까?

현재 알려진 에로스 신은 사랑의 메신저로서 '사랑의 신'으로 불리는, 큐비트 화살을 등에 멘 날개 달린 남자아이의 모습을 하고 있다. 고대 그리스 미술에 그려진 에로스는 날개 달린 청년의 모습이었지만, 헬레니즘 시기에 이르러 활과 화살을 가진 날개 달린 어린아이의 모습으로 바뀌게 된 것이다. 정복신화는 생명의 관계원리를 상징하는 에로스를 남녀 간의 관계로만 한정시켰고, 고대 미술은 이러한 에로스를 남녀 사이에 사랑을 전달하는 '날개 달린 남성상'으로 표현했다고 볼 수 있다.

그러나 고대 미술에 그려진 에로스의 모습은 에로스의 신성에 담긴 본질을 감추고 있다. 왜냐하면 새로 태어난 에로스는 미와 전쟁의 신성을 본질로 하고 있기 때문이다. 에로스가 미의 여신과 전쟁의 신을 부모로 두고 태어났다는 신화적 의미는 에로스의 신성이 부모의 신성을 물려받음을 의미한다. 그래서 미와 전쟁의 신성을 이어받아 새로 태어난 에로스는 고대 미술의 사랑의 신으로서 에로스가 아닌 신통기에 기록된 '아름답지만 신과 인간의 힘을 마비시키는' 에로스와 신성의 본질을 공유한다.

아름다운 여성과 황금을 품은 용

미와 전쟁의 신 사이에서 다시 태어난 에로스에는 여성의 신성을 부정하면서도 욕망의 대상으로 바라보는 정복권력의 이중적 시선이 반영되어 있다. 정복신화에서 여성은 아름답지만 악한 본성을 지닌 이중적 성격을 가진다. 이는 여성이 이중적이기 때문이 아니라, 여성을 향한 정복신화의 시선이 분열적이기 때문이다. 여성을 바라보는 정복신화의 시선이 분열적이라는 것은 여성을 '성적 대상'으로 바라봄을 의미한다. 또한 성적 대상으로 바라본다는 것은 여성의 '성적 주체성'뿐만 아니라 여성의 '신성' 자체를 부정하고 이를 소유의 대상으로 바라본다는 것을 뜻한다.

이는 정복신화가 생명을 상징하는 용을 바라보는 시선과 동일하다. 정복신화는 여의주를 품은 용을 신성한 주체가 아닌 황금을 품은 소유의 대상으로 바라본다. 용과 여성은 모두 혼돈한 존재로서 불화를 일으키는 교만한 존재이자, 동시에 욕망의 대상이기도 하다. 용의 신성을 부정하는 이유가 용의 황금을 소유하기 위해서이듯, 여성의 신성을 부정하는 이유 또한 욕망의 대상인 여성을 소유하기 위함에 있다. 그래서 정복신화가 여성을 바라보는 시선은 용을 바라보는 시선과 다르지 않으며, 정복신화가 용을 바라보는 시선이 분열적이듯 여성을 보는 시선 또한 분열적일 수밖에 없다.

하르모니아는 조화의 신성이 아니다

새로 탄생한 에로스 신의 역할이 남녀의 사랑에 한정됨에 따라, 정복신화는 남녀의 사랑을 넘어 생명계의 질서원리를 담당하는 새로운 신성을 만들어야 할 필요를 느낀다. 새로운 질서의 신은 '하르모니아'다. 하르모니아의 뜻은 조화다. 그래서 하르모니아를 '조화의 신'으로 부른다. 왜 질서의 신을 조화의 신으로 부를까? 인류가 생성문명을 공유했다는 것은 인류가 인간 공동체의 보편적 질

서원리로서 이원적 생성원리를 공유했음을 의미
한다. 흔히 '음양의 조화'로 부르는 데서 알 수 있
듯, 생성문명에서는 이원적 생성원리를 조화의 원
리로 부른다. 하르모니아를 조화의 신으로 부른 이
유는 가이아문명의 신성을 빌려 정복신화의 질서
원리를 담아내고자 했기 때문이다.

그렇다면 정복신화의 새로운 질서원리를 상
징하는 하르모니아에 담긴 신성의 본질은 무엇일
까? 신화에서 신의 신성은 부모의 신성을 물려받
는다고 봤을 때, 하르모니아의 신성은 부모의 신성
으로 추론할 수 있다. 하르모니아는 에로스와 함께
태어난다. 두 신의 부모가 같다는 것은 두 신이 같
은 부모의 신성을 물려받고 있음을 의미한다. 동일
한 신성을 공유한 에로스와 하르모니아는 신성의
역할을 나눈다. 에로스가 남녀의 사랑에 한정된 역
할을 담당했다면, 하르모니아는 본래 에로스에 담
긴 생성문명의 질서원리를 대체할 역할을 부여받
는다.

에로스가 아름답지만(미의 여신), 불화(전쟁의 신)
를 일으키는 존재로서 욕망의 대상인 '여성'을 의
미한다면, 하르모니아는 욕망의 대상(미의 여신)을
얻기 위한 정복(전쟁의 신)과 소유의 질서원리를 의

미한다. 그래서 하르모니아는 조화의 신성이 아닌
조화의 신성질서를 파괴한 정복권력의 신성질서
로서 정복과 소유의 질서를 상징한다.

하르모니아 부부는 왜 뱀이 되었을까

조화의 신으로 불리는 하르모니아의 삶은 결
코 조화롭지 못했다. 바로 선물로 받은 목걸이 때
문이다. 신들의 축복을 받으며 결혼하는 날, 하르
모니아는 주인에게 영원한 젊음과 아름다움을 주
는 황금 목걸이를 선물 받는다. 그런데 마법의 황
금 목걸이는 여러 사람을 전전하며 목걸이를 소유
한 인간을 모두 파멸시킨다. 왜 하르모니아의 목걸
이는 저주의 목걸이가 되었을까? 이 목걸이는 본
디 하르모니아의 어머니인 아프로디테의 남편, 헤
파이스토스가 준 선물이다. 그래서 자신의 아내와
정부 아레스 사이에서 태어난 하르모니아의 결혼
이 내키지 않았던 헤파이스토스가 목걸이에 저주
를 담았다는 해석도 있지만, 좀 더 넓은 관점에서
보면 저주의 목걸이는 북유럽신화에 등장하는 저
주받은 절대반지의 서사와 겹쳐진다.

황금의 절대반지와 하르모니아의 목걸이 모
두 정복신화가 추구하는 욕망을 상징한다고 가정

하면, 두 이야기는 소유적 세계관에 바탕을 둔 정복신화 속 인간관계가 파국적 종말을 맞는다는 점에서 서로 닮았다. 가이아의 후손인 난쟁이가 절대반지의 파멸을 예언하였듯이, 목걸이의 저주 이야기에도 가이아의 시선이 숨겨져 있을까? 하르모니아 부부는 말년에 뱀이 되어 승천한다. 신화에서는 이 장면을 하르모니아의 남편 카드모스가 젊었을 때 신성한 뱀을 살해했기 때문에 하르모니아 부부가 말년에 뱀으로 변한 것이라고 전한다. 그런데 뱀이 된 하르모니아 부부의 이야기는 저주가 아닌, 이상세계를 상징하는 엘리시온으로 향하는 것으로 끝난다. 뱀 살해는 정복신화의 전형적 영웅 서사다.

그런데 왜 카드모스가 살해한 뱀만은 신성한 뱀으로 부를까? 그리고 왜 그들이 뱀이 되어 승천하는 과정을 이상세계로 향하는 것으로 해석할까? 신성한 뱀과 뱀이 되어 승천한다는 이야기는 정복신화의 서사와 어울리지 않는다. 정복신화의 질서원리를 비극적으로 그리는 황금반지의 이야기처럼, 정복신화에는 미처 다 지우지 못한 가이아의 시선이 숨겨져 있다. 부부가 뱀의 형상을 한 모습은 복희·여와의 모습을 연상시킨다. 복희여와도의 관계원리가 곧 가이아문명의 에로스를 의미한다고 할 때, 하르모니아가 조화의 신으로서 에로스를 상징하던 본래의 신성으로 돌아갔다고 해석할 수 있다.

가부장문명의 본질은 남녀의 차별에 있지 않다

가부장문명에서 '가부장'이란 개념은 종종 문제의 본질을 숨기는 역할을 한다. 바로 권력과 인간의 문제를 남녀의 문제로 국한하는 것이다. 가부장문명이 정복한 생성문명을 모계문명이라 부르는 것도 동일한 문제를 안고 있다. 모계와 가부장이란 개념은 남녀의 성별을 중심에 놓고 두 문명을 대립시킨다. 여성이 신성한 이유는 여성이 생명의 모체이기 때문이다. 따라서 생성문명에서 뱀 상징과 거인을 모두 여성으로 상징한 것은 남성에 대한 권력적 우위가 아닌, 생명의 근원원리를 신성시한다는 의미일 뿐이다. 따라서 모계문명과 가부장문명이란 개념은 두 문명의 차이가 성별 권력의 이동에 있는 것처럼 보이게 한다는 점에서 문명사의 변천에 담긴 문제의 본질을 가리고 있다.

복희여와도에 담긴 질서원리의 주체가 남녀가 아닌 서로 다른 본성을 가진 모든 인간을 포괄하듯, 생성문명은 여성 중심이 아닌, 모든 생명체가 동등한 신성주체로서 상호 관계를 통해 자율적 생성질서를 구현한 문명을 의미한다. 마찬가지로 가부장문명의 본질은 남녀 간의 문제가 아닌 생명과 인간의 신성주권을 부정하는 정복권력의 차별질서에 있다. 그래서 이원적 생성원리에 기반을 둔 생성문명의 질서원리가 선악이분법적 원리에 바탕을 둔 차별의 질서로 재편되는 문명의 이행 과정에 담긴 문제의 본질은 남녀 간의 문제가 아니라 권력과 인간의 문제다.

가부장권력은 차별의 질서를 정당화하고 이를 일상화, 내면화하기 위해서 남녀의 차별을 이용했다. 여성을 복수의 화신으로 규정한 정복신화는 정복과 차별의 질서 자체에서 비롯한 폭력성을 여성에게 돌림으로써 가부장문명 내부의 문제를 권력과 인간의 관계질서가 아닌 여성의 책임으로 전가하며 남녀관계를 분열시켰다. 그 과정에서 남성은 문제의 책임을 여성에게 돌리고 여성을 차별함으로써 궁극적으로 권력이 의도한 대로 차별의 동조자가 되었다.

가부장문명이 역사적 명맥을 유지할 수 있는 가장 큰 원동력은, 권력과 보편적 인간의 문제를 남녀의 문제로 치환시켜 남성을 권력의 그물 속에 포획하였기 때문이다. 가부장권력의 진정한 관심은 여성의 차별을 통해 차별 의식을 일상화·내면화시켜 궁극적으로 차별의 질서를 고착화하는 데 있다. 차별의 질서가 지향하는 궁극적 목적은 생명의 자율적 생성질서를 파괴하고, 그 터전 위에 권력을 위한 황금탑을 쌓아 올리는 것이다. 그리고 남성 또한 여성과 마찬가지로 신성주권을 상실한 난쟁이로서 황금탑을 쌓는 과정에 동원되었을 뿐이다.

생성신화권과 가부장문명

가부장문명은 남녀의 차별을 근간으로 인간 본성이 가진 서로 다른 가치를 차별하는 '이분법적 세계관'에 의해 인간 간의 차별 질서를 정당화한다. 가부장문명의 역사는 정복신화권에 국한된 역사가 아니다. 생성신화권 또한 가부장문명의 역사를 관통하고 있다. 한국과 중국을 비롯한 생성신화권은 생성철학인 음양철학을 가부장질서에 맞게 변질시켜, 왜곡된 음양철학을 정치적 이데올로기로 활용해 가부장질서를 유지해 왔다. 유교문화의 가부장 이데올로기 또한 생성철학의 원형인 음양철학의 왜곡으로부터 시작한다.

복희여와도에 나타난 것처럼, 관계질서에 참여하는 음양의 두 주체는 동등한 신성주체다. 그런데 유교철학은 관계질서에 참여하는 두 주체를 상징하는 음양을 이분화함으로써 가부장적 위계질서를 정당화했다. 전한(前漢)의 유학자 동중서(董仲舒) 이후 유교의 근본 이데올로기로 자리 잡은 음(陰)을 억누르고 양(陽)을 높인다는 억음존양(抑陰存陽)론과 양(陽)을 중시하고 음(陰)을 하대하는 양존음비(陽尊陰卑)론이 대표적이다.

그런 연유로 한국문화는 현재까지도 음양의 차별론에 기반을 둔 가부장문화를 한국문화의 전통적 세계관으로 인식하고 세계관과 음양철학 모두를 터부시하기에 이른다. 그런데도 한국의 세계관을 생성의 세계관이라 부를 수 있는 이유는 가부장권력이 생성의 세계관 자체를 부정하지는 못했을 뿐만 아니라, 기층 민중이 생성의 세계관을 바탕으로 문화원형을 형성해왔기 때문이다. 그래서 한국의 세계관을 정립하는 과정은 기층 민중의 삶 속에서 꽃 피운 생성문명의 문화원형을 승계하는 과정이자, 가부장권력이 왜곡시킨 세계관의 본질을 회복하는 과정이기도 하다.

운명의 주인은 누구인가

이제 왜곡된 가부장문명 속 여성상이 아닌, 생성문명의 신성을 승계한 무속신화 속 여성을 만나보자. 거인, 용, 혼돈이라는 신화적 상징이 양 문화권에서 전혀 상반된 위치에 있는 것처럼 무속신화에서 여성의 신화적 지위는 정복신화권과는 다를 수밖에 없다. 무속신화에도 남자 주인공이 아버지를 찾아가는, 전형적인 건국 신화의 서사구조를 보이는 이야기도 있지만, 바리데기와 오늘이처럼 신화의 중심 원리를 드러내는 주인공은 모두 여성이다. 이제 바리데기와 오늘이 외 또 다른 여성 영웅은 어떻게 자신의 운명을 일구어내고 사랑을 성취하였는지 그 이야기를 들어보자. 인간의 운명은 누가 주관하는가를 묻는 신화가 있다. 제주도 무가 「삼공 본풀이」의 운명신, 감은장아기의 이야기다.

옛날 주년국 외진 마을에 강이영성이서불이라는 총각과 구에궁전녀설궁이라는 처녀가 살았다. 어느 해 흉년이 들어 마을 사람들이 쫄쫄 굶게 되었다. 두 사람은 밥을 얻어먹으러 떠났다가 만나 혼인을 했다. 얻어먹고 사는 중에 남의 집 품팔이도 하고, 남의 집 밭도 갈아주면서 입에

풀칠이나 하고 살다가 첫딸을 낳았는데, 은그릇에 밥을 주고 은대야에 물을 떠서 씻겨줘도 모자란다고 하여 이름을 은장아기라고 했다. 두어 해가 지나 둘째 딸을 낳았는데, 둘째라 아무래도 첫딸보다는 덜 귀여워서 놋그릇에 밥을 주고 놋대야에 물을 떠서 씻겨주면 좋겠다고 이름을 놋장아기라 했다. 또 두어 해가 지나 셋째 딸을 낳았는데, 위에 딸 둘이나 있는지라 훨씬 덜 귀여워서 검은 나무그릇에 밥을 주고 나무대야에 물을 떠서 씻겨줘도 그만이라고 이름을 감은장아기라 했다. 그런데 막내딸 감은장아기가 태어나고부터 살림살이가 마구 불어났다. 논밭이 생기고 마소가 생기고, 움막도 헐고 제법 번듯한 집을 지어 살게 되었다. 그러다 한 십 년이 지나서 아주 큰 부자가 되었다. 세월이 흘러 감은장아기는 열다섯 살이 되었다. 하루는 부부가 세 딸을 차례로 불러 누구 덕에 호강하며 사느냐고 물었다. 큰딸과 둘째 딸은 아버지 어머니 덕이라고 말하자 부모 은혜를 안다고 기특히 여겨 비단옷과 비단신을 주었다. 그런데 막내딸 감은장아기는 "하느님 덕이요, 저의 복으로 먹고 입고 삽니다"라고 말해 부모는 벼락같이 호통을 치고 내쫓아버렸다. 감

은장아기는 열다섯 해 동안 살던 집을 떠나기가
서러워 대문간에서 머뭇거리고 있었다. 강이영
성이서불과 구에궁전너설궁도 막상 섭섭하고 안
되어 큰딸과 둘째 딸에게 감은장아기가 아직 안
가고 있으면 밥이나 먹고 가라고 데려오게 했다.
그러나 큰딸과 둘째 딸은 어머니 아버지가 너를
때리려고 나오니 어서 도망가라고 거짓말을
했다. 그러자 첫째 은장아기는 여든여덟 다리 달
린 청지네가 되고, 둘째 놋장아기는 검은 독과 흰
독을 품은 말똥버섯이 돼버렸다. 부부는 아무리
기다려도 첫째 둘째가 오지 않아 답답해서 얼른
나가다가 문지방에 걸려 넘어져 그만 눈이 멀어
버렸다. 부부는 옛날처럼 거지 신세가 되어 이곳
저곳을 떠돌아다니며 밥을 얻어먹게 되었다. 감
은장아기는 집을 나서 정처 없이 걸었다. 해는 기
울었는데 근처에 사람 사는 집은 안 보이고, 마침
산에서 마를 캐는 총각이 있어 이 근처에 사람 사
는 집이 있느냐 물었다. 처음 만난 총각과 두 번
째 만난 총각은 내가 그걸 왜 가르쳐주냐고 퉁명
스럽게 눈만 부라렸다. 세 번째 만난 총각은 산
아래로 가면 초가집 한 채가 있는데 늙으신 할머
니가 계시니 하룻밤 재워달라 부탁하라고 싹싹

하게 잘 가르쳐주었다. 감은장아기는 할머니 집
에서 하룻밤 묵어가게 되었다. 마를 캐는 총각들
은 할머니의 세 아들이었는데, 첫째와 둘째는 마
를 캐와서 어머니는 집에서 놀기만 했으니 모가
지나 잡수라고 하고, 손님은 남의 집 식구니 꼬리
나 먹으라 하고, 우리는 일을 많이 했으니 가운데
잔등이를 먹어야지 하면서 제일 좋은 잔등이를
저희끼리 먹었다. 그러나 셋째아들은 어머니는
자기를 낳고 키우느라 고생하셨으니 잔등이를
잡숫고, 손님은 종일 걸어서 시장할 터이니 모가
지를 드시고, 나는 안 먹어도 배부르니 꼬리나 먹
는다고 했다. 감은장아기는 마음 착한 셋째 총각
과 혼인을 하여 큰 부자가 되어 잘살게 되었다.
문득 어머니 아버지 생각이 나서 석 달 열흘 동안
거지 잔치를 열어 부모님을 만났다. 감은장아기
를 만난 강이영성이서불과 구에궁전녀설궁은 깜
짝 놀라 눈이 번쩍 떠졌다. 눈을 뜬 어머니 아버
지와 함께 전에 살던 집으로 간 감은장아기는 하
늘 보고 절하고 땅보고 절하고 진언을 쳐서 큰언
니 작은언니를 원래 모습으로 되돌아오게 했다.
그 뒤로 감은장아기는 운명신이 되었다.

- 문화원형백과 한국설화 인물유형, 한국콘텐츠진흥원

감은장아기는 왜 버림받았을까? 지독한 가난에서 벗어나 잘살게 된 부모는 딸 세 자매에게 누구 덕에 너희들이 호강하느냐고 묻는다. 두 언니는 당연히 부모덕이라 대답하고, 부모는 그들이 은혜를 안다고 비단옷과 비단신을 준다. 그러나 열다섯인 막내 감은장아기는 하느님 덕이요, 자기 복으로 산다고 답해 집에서 쫓겨난다. 정해진 답을 강요한 부모의 행위는 무엇을 의미할까? 가부장문화에서 집안의 권위는 아버지에게 있다. 아버지는 딸에게 자신의 권위에 따르기를 강요한다. 그것이 강요임은 원하던 대답이 돌아오지 않자 가차 없이 딸을 내쫓는 행위에서 잘 드러난다.

그런데 감은장아기는 왜 그런 무모함에 가까운 도발적 대답을 마다하지 않은 것일까? 감은장아기는 가부장질서에 묶이길 원치 않았다. 질서에 순응하면 편한 삶을 살 수 있지만, 대신 가부장질서에서 한 발짝도 벗어날 수 없게 될 것을 자각했기 때문이다. 다른 신화 속 여성이 그러하듯 그녀도 담대히 스스로 운명을 개척하고 거지잔치를 열어 병든 부모와 세계를 구원한다. 그리고 감은장아기는 운명을 주관하는 신이 된다.

운명의 주권과 신성주권

누구 덕에 잘살고 있느냐는 아버지의 물음에 자신의 덕 때문이라고 답한 감은장아기의 당돌한 모습은 효 문화에 익숙한 한국인에게도 당혹스럽다. 또한 감은장아기만을 놓고 봤을 때, 신화에 담긴 메시지가 과연 보편적 문화원형으로서 진실성을 가지고 있는지 의문스러울 수도 있다. 그러나 신화 속 다른 여성상과 비교했을 때 감은장아기의 모습은 결코 예외적인 것이 아니며, 일관된 여성상이자 무속신화의 보편적 여성상임을 확인할 수 있다.

바리데기의 아버지인 오구대왕 또한 감은장아기에게 질문을 던진 가부장문화 속 아버지의 모습과 동일하다. 아들이 아니란 이유로 바리데기를 버린 오구대왕과 자신을 운명의 주체로 선언했다는 이유로 딸을 쫓아낸 감은장아기의 아버지는 모두 가부장적 당대의 현실을 상징하고 있다. 다만 바리데기는 태어나자마자 버려지지만, 감은장아기는 성장해 자신의 주관을 드러내 쫓겨났다는 점에서 차이를 보일 뿐이다. 감은장아기가 무속신화에서 운명신의 지위에 오른다는 것은 중요한 의미를 지닌다. 무속신화가 어떻게 인간의 운명을 비라보는지가 감은장아기의 이야기에 나타나기 때문이다.

무속신화의 세계관은 저절로 꽃피우는 세계관이다. 그럼 이제 감은장아기가 말한 '하늘의 덕이자, 자신의 복이다'란 말이 어떻게 저절로 꽃피우는 세계관의 운명관에 부합하는지 살펴보자. 감은장아기는 누구 덕에 호강하느냐는 질문에 왜 하늘의 덕이자 자신의 복 때문이라 대답하였을까? 감은장아기의 대답은 무속신화의 세계관에 뿌리를 두고 있다. 여기서 누구 덕에 사는가란 질문은 생명의 근원이 어디에 있는지를 묻는 것과 다르지 않다. 생명의 근원은, 생명의 모체인 천이다. 따라서 모든 생명의 근원은 하늘(천)이며, 하늘의 덕에 살아간다고 볼 수 있다.

그런데 왜 감은장아기는 하늘의 덕이란 말에 이어 부모의 복이란 말 대신 자신의 복이란 생각을 내보였을까? 자신의 복이란 대답에는 운명의 주체가 바로 자신이란 의미가 숨겨져 있다. 세계관에서 운명의 주체를 규정하는 것은 신성의 주체를 규정하는 것과 다르지 않다. 따라서 '자신의 복'이란 감은장아기의 대답 또한 무속신화의 세계관을 바탕으로 이해해야 납득할 수 있다. 복희여와도에서 복

희와 여와의 하반신이 뱀의 형상을 하고 있다는 것
은 모든 생명체가 신성의 주체이자 자기 운명의 주
체임을 말하고 있다. 따라서 감은장아기의 대답에
는 부모와 자식의 관계가 중요하지 않다는 의미가
아니라 먼저 자신을 신성의 주체로 자각할 때만이
부모·자식 관계를 포함한 모든 관계가 상생의 관
계를 이룰 수 있다는 의미를 담고 있다.

감은장아기를 운명의 신으로 받드는 기층 민
중의 뜻은 어디에 있을까? 꽃피우는 세계관에서
꽃피우는 생성주권이 바로 신성주권이며 운명의
주권을 의미한다. 감은장아기의 운명관을 적대시
하는 언니들이 저주를 받고, 부모조차 앞을 볼 수
없게 된다는 것에는 운명의 주권이 신성주권과 마
찬가지로 결코 타협할 수 없는 중요한 문제라는 단
호한 관점이 신화에 숨겨져 있다. 그래서 무속신화
는 가부장문명의 관계질서를 거부하고 스스로 운
명의 주체임을 선언하는 감은장아기를 운명신의
지위에 올려놓았다고 볼 수 있다.

칼 선 다리를 건너는 자청비

바리와 오늘이처럼 무속신화에서 신성주체임
을 자각하고 상생의 질서를 실현하는 존재는 '남성

이 아닌 여성이다. 남녀의 사랑에서도 감은장아기처럼 스스로 운명의 주체임을 선언한 여성이 능동적 주체가 된다. 이제 무속신화에 담긴 남녀의 사랑에서 여성이 어떤 역할을 하는지 살펴보자. 후에 곡물신이 되는 제주도 서사무가, 「세경본풀이」에 등장하는 자청비의 사랑 이야기다.

아주 먼 옛날, 해동국 주년뜰이라는 곳에 김진국 대감과 자주부인이 살았다. 김진국 대감은 큰 부자로 살았지만, 나이 오십이 되도록 자식이 없었다. 그러던 어느 날, 마을 동쪽에 있는 상주사 스님에게 자식을 얻을 방법이 없겠냐고 물었다. 그러자 스님은 상주사에 백미 열 섬과 은 백 냥 백 근을 시주하면 틀림없이 자식을 얻을 수 있을 거라고 말했다. 귀가 번쩍 뜨인 김진국 대감은 날이 밝자마자 수레에 쌀과 은을 가득 싣고 상주사로 향했다. 그런데 가는 길에 마을 서쪽에 있는 절인 백금사의 스님이 길을 막고 자기 절에 시주하고도 자식을 못 얻은 사람은 아직 아무도 없다고 하자 김진국 대감은 당장 발길을 돌려 백금사로 향했다. 뒤늦게 이 사실을 안 상주사 스님은 분해서 펄쩍 뛰더니 앙갚음을 하겠다고 주문을 외웠다. 열 달 후, 같은 날 같은 시각에 자주부인은 예쁜 여자아이를 낳고 정술데기는 사내아이를 낳았다. 김진국 대감은 딸 이름을 자청비라고 짓고, 정술데기는 아들 이름을 정수남이라고 했다. 자청비는 건강하고 씩씩하게 자랐다. 특히 베 짜는 솜씨가 뛰어났는데, 정술데기로부터 주천강에서 빨래하면 손이 희고 고와진다는 말을 듣고 옷장의 옷을 죄다 꺼내 빨래를 하러 갔다. 마침 그때 하늘나라 대신인 문국성의 아들 문도령이 주천강 근처를 지나게 되었다. 자청비에게 물을 얻어 마신 문도령은 주천강 너머에 사는 거무 선생한테 글을 배우러 가는 중이라고 했다. 이 말을 들은 자청비는 함께 공부하고 싶은 마음이 들어 쌍둥이 동생도 거무 선생께 공부하러 가는 길이니 함께 가자고 한다. 자청비는 얼른 집에 돌아와 부모님 허락을 받고 남자 옷으로 갈아입은 뒤 문도령과 길을 떠났다. 거무 선생 밑에서 둘은 공부도 함께 하고 방도 함께 쓰면서 매우 친해졌다. 삼 년이 흘러 하늘나라에서 편지가 왔다. 문도령에게 돌아와 장가를 들라는 내용이었다. 둘은 마지막으로 주천강에서 목욕이나 하고 헤어지기로 했다. 자청비는 나뭇잎을 몇 장 뜯어

"삼 년이나 한방을 쓰고도 여자인 줄 모르는 무심한 문도령아"라고 적어 아래쪽으로 흘려보냈다. 문도령은 자청비가 남자가 아니라서 좋았고, 자청비는 문도령을 처음 보았을 때부터 마음에 두었다고 고백했다. 그날 밤 둘은 굳게 사랑을 다짐했다. 날이 밝자 문도령은 박씨 하나를 주면서 박이 익어서 따기 전까지 반드시 돌아오겠노라 약속하고 떠났다. 한편 일은 않고 게으르기만 한 정수남이 자청비에게 거짓말을 했다. 산에 나무를 하러 갔다가 문도령이 선녀들과 노는 걸 봤다는 것이다. 자청비는 수남이 말만 믿고 문도령을 봤다는 산에 갔는데, 정수남이 자기와 혼인하자고 덤볐다. 자청비가 돌을 들어 정수남의 머리를 내리치자 정수남이는 피를 흘리며 죽어버렸다. 정수남을 묻어주고 집으로 돌아온 자청비는 울면서 아버지에게 자초지종을 이야기했다. 그러나 아버지는 자청비를 내쫓아버렸다. 어렵게 환생꽃을 얻은 자청비는 정수남을 살려내고 함께 집에 돌아갔으나 죽은 사람을 살려냈다고 하여 다시 쫓겨나는 신세가 되었다. 이곳저곳을 떠돌던 자청비는 비단 짜는 주모할멈의 수양딸이 되었다. 주모할멈은 하늘나라에서 쓸 비단을

짰는데, 하루는 문도령님 결혼식에 쓸 옷감이니 정성을 다하라는 말을 듣고 옷감 끝에 '가련하다 자청비, 불쌍하다 자청비'라는 글자를 짜서 하늘나라로 보냈다. 비단을 보고 자청비를 알아본 문도령은 부모님의 반대를 무릅쓰고 자청비가 아니면 절대 장가들지 않겠다고 우겼다. 자청비는 불구덩이 위에 놓인 칼날을 밟고 건너와 문도령과 혼인을 했다. 자청비는 성격도 활달하고 살림솜씨도 뛰어나 하늘나라에 칭찬이 자자했다. 자청비는 하늘나라에서 농사짓는 것을 유심히 살펴 인간 세상에 없는 알차고 수확이 좋은 곡식을 얻어 인간 세상에 전해주었다. 그리하여 옥황상제는 자청비와 문도령을 농사일을 관장하는 신으로 삼았다.

– 문화원형백과 한국설화 인물유형, 한국콘텐츠진흥원

자청비와 문도령 사이에는 불행한 죽음을 맞은 정수남이 있다. 자청비를 짝사랑한 그가 자청비를 속이고 음심을 품자, 자청비는 그를 살해한다. 그러나 죽음의 뒷이야기는 그렇게 매정하지 않다. 정수남은 죽어서 원혼의 부엉이가 되어 자청비 곁을 맴돌며 세상을 어지럽힌다. 이를 본 자청비는

홀로 뒷동산에 올라서 울고 있는 부엉이를 향하여
말했다. "정수남아, 정수남아. 네가 나 때문에 원
한이 맺혔구나. 이리 내려앉아 내 품에 안기거라."
그러자 부엉이는 자청비의 가슴에 와 안겨 퍼덕
이다가 숨을 거둔다. 그리고 자청비는 정수남이 죽
은 깊은 산속에 들어가 은장도로 풀을 헤치고 환생
꽃으로 정수남을 살려낸다. 이제 정수남의 얘기를
뒤로하고 자청비와 문도령 두 사람의 사랑 이야기
를 살펴보자. 두 사람의 관계에서 누가 사랑의 약
속을 실현하는 주체적 역할을 담당할까?

사랑의 주체는 누구인가

문도령을 처음 만난 자청비는 부모를 설득한
후, 남장을 하고 글동무라는 명목으로 문도령을 따
라 길을 나선다. 자청비는 글공부는 물론이고 심지
어 씨름에서도 문도령을 이긴다. 삼 년을 함께 공
부한 후 문도령이 하늘로 돌아갈 때가 되자, 스스
로 여자임을 밝힌 자청비는 문도령과 사랑을 언약
한다. 기다려도 돌아오지 않는 문도령을 찾아 하늘
에 소식을 전한 사람은 자청비다. 또한 자청비는
하늘로 돌아가 버린 문도령을 만나러 하늘길에 나
선다. 하늘에서 문도령을 다시 만난 뒤에 옥황상제

에게 결혼을 승낙 받으려 자청비는 불길 위에 펼쳐져 있는 칼 다리를 통과하는 목숨을 건 모험도 마다하지 않는다.

두 사람의 관계에서 고비마다 사랑을 지켜내고 이를 이루는 것은 자청비다. 주체적인 여성과 무기력한 남성의 구도는 남녀의 관계를 바라보는 무속신화의 전형적 서사 구도다. 사랑의 주체로서 여성의 모습은 꼬임에 빠져 거지가 된 궁상이를 만나기 위해 거지잔치를 벌이는 해당금이의 모습에서도 반복된다. 자청비와 해당금이는 스스로 운명의 주체를 선언한 감은장아기의 정체성을 그대로 잇고 있다. 자청비(自請妃)의 이름인 자청(自請)에는 '스스로 청하다', '스스로 원해서 이룬다'는 자기 삶에 대한 주체적 의지가 담겨 있다. 이는 운명의 여신인 감은장아기가 살아온 삶의 태도와 다르지 않다. 스스로 운명의 주체임을 선언한 감은장아기의 이야기가 낯선 것처럼, 자청비의 모습 또한 익숙하지 않을 수 있다. 그러나 감은장아기가 무속신화의 전형적 여성상이듯 자청비 또한 무속신화의 세계관과 부합하는 전형적 여성상의 자리를 점하고 있다.

문화원형과 여성의 원형상

한국문화에는 정복신화의 팜므파탈(요부)형 여성은 존재하지 않을까? 요부형의 여성은 한국 사극의 단골 소재인 궁중 암투사의 여성 주인공과 닮았다. 사극의 구중궁궐은 당대의 보편적 여성의 삶과는 전혀 다른 지평에서 전개된다. 구중궁궐 속 그녀들은 가부장권력의 자장 안에서 자신의 지위를 공고히 하기 위해 미를 무기로 질투와 복수 그리고 배신으로 점철되는 권력투쟁을 펼친다. 그런 맥락에서 보면 팜므파탈(요부)형 여성상은 한국문화에도 존재한다.

그러나 한국문화는 자신의 미를 무기로 남성을 파멸시키는 요부상을 '여성의 원형상'으로 받아들이지 않을 뿐만 아니라 그녀들을 사랑하지 않는다. 그것이 문화원형이다. 마찬가지로 그리스신화의 제우스를 닮은 방탕한 전제군주가 현실 역사에 똑같이 존재한다고 해도, 한국인은 그를 이상적인 군주나 보편적인 인간상으로 받아들이지 않는다. 모든 문화는 신화 속 영웅과 인물을 이상적 인간형이나 보편적 인간형으로 받아들인다. 그래서 역사 속에서 어떠한 인간을 이상적 인간형으로 받아들이고 승계하는가는 신화의 서사가 규정하며, 신화의 서사는 문화원형을 형성한다. 그리고 문화원형은 역으로 보편적 인간의 삶을 규정한다.

누가 눈먼 남성을 초대하는가

무속신화가 가부장권력을 바라보는 관점은 병든 오구대왕이 스스로 병을 고칠 수 없다고 본 바리신화에 잘 담겨 있다. 바리신화는 병든 가부장권력이 구원의 주체가 될 수 없음을 분명히 밝힘과 동시에 가부장권력으로부터 버림받은 여성을 구원의 주체로 내세운다. 그래서 정복신화의 영웅이 가부장권력의 질서를 수호하는 '남성'인 반면, 무속신화는 병든 생명을 치유하는 '여성' 영웅이 중심 역할을 한다.

가부장문명의 본질이 여성에 대한 차별이 아닌 가부장권력에 의한 생명과 인간에 대한 차별에 있다고 하면, 왜 무속신화 속 남성은 오구대왕처럼 무기력한 모습을 보일까? 그것은 여성이 잃어버린 자신의 신성주권을 기억하는 반면에 남성은 남녀의 일상적 차별 속에서 자신을 권력자로 인식하게 만드는 가부장권력의 정치적 전략 속에 가둬져 있기 때문이다. 그래서 가부장문명의 현실 질서 내에서 남성은 여성보다 유능할 수 있지만, 정작 현실에서 길이 막혔을 때는 다른 길을 상상할 수 없는 무력한 주체가 될 수밖에 없다.

그렇다면 가부장권력에서 버림받은 여성이 구원의 주체가 되는 이유는 어디에 있을까? 그것은 여성 스스로가 신성의 주체임을 기억하고 있기 때문이다. 무속신화에서 여성은 버려진 바리데기의 운명을 살아내는 존재이다. 하지만 그녀들의 버려진 삶이 역설적으로 자신들이 신성의 주체라는 기억의 원형을 버릴 수 없게 만들었다. 병든 생명을 치유하는 여성은 가부장질서의 수호자가 아니며 자신을 버린 오구대왕의 가부장 왕국으로 되돌아가길 바라지 않는다. 그녀들이 치유를 통해 회복하고자 하는 세계는 꽃을 훔친 석가의 세계가 아닌 저절로 꽃피우는 미륵의 세계다. 무속신화에서 환생꽃을 구해 거지잔치를 여는 영웅 서사의 주인공이 여성일 수밖에 없는 이유가 여기에 있다.

신성의 기억을 간직한 자로서 여성성을 역사 속에서 지속시키는 힘은 여성만의 것이 아닌 공동체가 기억하는 문화원형의 힘이기도 하다. 한국의 문화원형 속에 새겨진 기억은 여성을 통해 승계되고 여성은 신화를 통해 전승되는 문화원형의 힘으로 자신의 신성을 기억한다. 무속신화의 거지잔치는 맹인잔치의 형태로 구현되기도 한다. 신화의 서사를 이어받은 심청전의 심 봉사는 눈이 먼 남성이다. 신화에서 눈이 멀었다는 것은 신체적 장애를 의미하지 않는다. 이는 현실의 문제를 직시할 수 없다는 의미이자 고난의 현실 속에서 미래를 열어갈 수 있는 꿈의 기억을 잃어버렸다는 것을 뜻한다. 그 눈먼 남성의 치유자로서 심청의 이야기는 한국문화의 과거이자 미래의 이야기로 이어진다. 거지잔치를 기억하는 주체는 여성이며, 여성이 준비한 거지잔치에 초대되는 주체는 눈먼 남성인 것이다.

6장.
신화의 세계와 시공간

왜 _____

_____하늘은__

둥글고 _____

__땅은_ 모난가

이 장에서는 생성문명에서 생명의 모체이자 생명의 근원으로 불리는 '천(天)'의 개념에 대해서 보다 다양한 관점에서 살펴보고자 한다. '천'은 한국문화에서 세계관과 철학 그리고 문화의 중심 개념으로 자리한다. 또한 '천'은 생성신화권을 넘어 인류 종교문화의 신성을 규정하는 중요한 개념이기도 하다. 따라서 천의 개념을 밝히는 과정은 이어지는 7장과 함께 현재의 분열된 신성을 넘어 인류가 공유해야할 미래의 신성을 밝히는 과정이기도 하다.

왜 세계를 '천지'라 부를까

생성신화권에서는 지구를 지칭할 때 '지'라 부르지 않고 '천지'라 부른다. 왜 지구를 '지'라 부르지 않고 '천지'라 부를까?

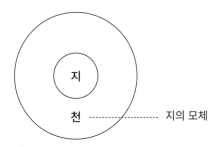

천 ---------- 지의 모체

생성신화권이 지를 천지라 부르는 데는 지라는 세계를 바라보는 중요한 관점이 담겨 있다. 생성문명의 세계관을 생명의 세계관으로 부르는 이유는 세계를 생성하는 생명체로 바라보기 때문이다. 창세신화에서 지구를 의인화하여 거인으로 바라보고, 거인의 몸이 변하여 현재의 지구가 만들어졌다는 관점은 곧 지구를 생명체로 바라봄을 의미한다. 지를 생명체로 바라본다는 것과 지를 '천지'로 부르는 것은 어떤 연관이 있을까? 생명이 물질과 다른 이유는 생명이 생성하는 존재이기 때문이다. 그렇다면 생명의 생성은 어떤 조건 속에서 이루어질까?

　자연 속의 생명체는 고립된 개체로서 존재하지 않는다. 작은 풀 한 포기조차도 홀로 존재하지 않고, 자신을 둘러싼 세계로부터 햇빛과 비를 온몸으로 받아들이며 성장하기 때문이다. 그래서 자연 속의 생명체는 자신을 둘러싼 세계와 분리된 닫힌 개체가 아닌 바깥 세계를 향해 '열린 생성체'로서 존재한다. 자연 속의 생명체가 저절로 꽃피우는 자율적 생성체일 수 있는 이유 또한 닫힌 개체가 아닌 바깥 세계를 향해 열린 생성체이기 때문이다. 생성신화권에서는 지의 생성에 관여하는, 지를 둘러싼 세계를 천으로 불렀다. 그러한 천을 지의 모체로 불렀다는 것은 지를 생명체로 인식함과 동시에 천을 지라는 생명체를 탄생시키고 성장시키는 세계로 이해했음을 의미한다. 그래서 지를 천 속에서 생성하는 생명체로 바라보기에, 지를 지칭할 때도 천을 향해 열려진 지, 즉 천지라 불렀다. 이렇듯 지를 모체인 천과 한 몸으로 바라보는 생성신화권의 세계관을 '천지의 세계관'이라 부를 수 있다.

천은 왜 신성한가

지가 자율적 생성체일 수 있는 이유는 천과

분리되지 않고 한 몸으로 존재하기 때문이다. 지의 관점에서 천은 모체이자 자신을 생성시키는 세계다. 생성문명이 천에 신성을 부여하는 이유다. 생명과 천을 분리하지 않고 한 몸으로 바라보는 관점은 가이아문명도 동일하다. 대지모신인 가이아가 천(타르타로스)을 자신의 자궁으로 표현한다는 것은 중요한 의미를 담고 있다. 가이아와 천을 한 몸으로 보았음을 의미하기 때문이다. 인류가 생성문명을 공유했다는 것은 천과 지를 한 몸으로 바라보고, 천을 지의 모체로서 생명의 근원이자 근원원리로 바라보는 세계관을 공유했다는 것을 의미한다.

인류의 창세신화가 공유하는 뱀과 혼돈은 모두 생명의 근원원리로서 천의 신성을 상징한다. 신화는 천의 신성을 바라보는 관점에 따라 구분된다. 생성신화가 인류가 공유했던 천의 신성을 승계하고 있다면, 정복신화는 뱀과 혼돈에 담긴 천의 신성을 부정한다. 생명의 모체인 천의 신성을 부정하는 것은 궁극적으로 생명의 신성을 부정하는 것으로 귀결된다. 왜냐하면 생명이 신성하다는 것은 생명이 자율적으로 생성하기 때문이며, 생명이 자율적으로 생성할 수 있는 이유는 생명이 천과 한 몸으로 존재하기 때문이다. 그래서 모체인 천의 신성

에 대한 부정은 궁극적으로 생명과 인간의 신성에
대한 부정으로 이어질 수밖에 없다.

천·지는 어떻게 분리되는가

정복신화가 천의 신성을 파괴하는 과정은 천
의 신성원리를 상징하는 뱀과 혼돈을 부정하는 과
정에서 이루어지지만, 천의 신성을 생명으로부터
분리하는 과정으로도 이루어진다. 2장에서 살펴
본 정복신화에서 지와 천(타르타로스)이 분리되는 과
정을 다시 살펴보자.

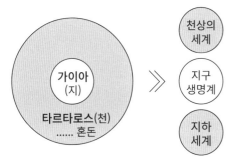

좌우의 두 그림은 가이아문명의 천·지 관계가
정복신화에서 어떻게 변질되는지를 잘 보여주고
있다. 왼쪽 그림에는 천·지 관계가 모체와 자체의
관계로서 한 몸으로 그려져 있다면, 오른쪽 그림에

는 천의 세계가 지와 분리된 후, 다시 천상의 세계와 지하 세계로 이분화되어 수직적으로 재배치되어 있다. 천의 신성이 지(생명)와 분리되는 과정은 천의 신성이 파괴되는 과정이자 생명의 신성이 파괴되는 과정이기도 하다. 왜냐하면 자체로서 지의 생명이 모체와 분리된다는 것은 더 이상 생성할 수 없는 물질로 전락하는 과정을 의미하기 때문이다. 그래서 두 그림에 담긴 천과 지의 분리과정은 생명의 세계관에서 물질의 세계관으로 변화하는 과정을 담고 있기도 하다.

'천'과 시공간 세계

이처럼 신화에서 중요한 상징을 차지하는 천의 개념을 조금 더 구체적으로 살펴보자. 생명의 근원으로 천의 세계는 어떤 세계일까? 생명의 모체로서 천의 세계는 관념의 세계가 아닌 생명의 생성에 관여하는 현실 속 시공간의 세계다. 그래서 생성문명은 일찍부터 생명의 근원인 천을 시간이 흐르는 곳으로 인식하였다. 반고신화는 반고(지)가 태어나는 과정을 이래와 같이 기록한다.

혼돈이 소용돌이치는 둥근 알 속에서 만 팔천

년의 시간을 견디고 마침내 알을 깨고 반고라 불리는 거인이 탄생한다.

반고신화에서 보듯 천은 생명의 모체로서 생명을 생성시키는 공간을 의미함과 동시에 시간이 흐르는 곳이다. 가이아문명에서도 천(타르타로스)을 불멸의 '신들이 거주하는 곳'이란 공간적 의미를 부여하면서도, 신의 불멸성이란 의미에는 시간의 재생원리가 담겨 있다는 면에서, 천을 시공간 세계로 인식하였음을 보여준다. 무속신화의 서천 또한 환생꽃이 피는, 시간이 순환하는 곳으로서, 천을 시공간 세계로 받아들이고 있음을 보여주고 있다.

이렇듯 생명의 관점에서 시간은 공간을 전제로 하고, 공간은 시간을 전제로 하기에 시공간은 분리될 수 없는 개념이다. 생성문명은 변화원리, 재생원리, 순환원리 등 시간원리를 중심으로 생명의 생성원리를 이해했다. 생명의 근원(공간)인 천의 원리를 시간원리 중심으로 해석하였다는 것은 근본적으로 천을 시공간체로 인식하였음을 의미한다. 그래서 생명의 모체이자 근원으로서 천이란 생명의 생성에 관여하는 '시공간 세계'이기도 하다.

천의 시공간은 어떻게 규정되는가

천의 시공간이란 구체적으로 그 성격과 영역을 어떻게 규정할 수 있을까? 천을 규정하기 위해서는 먼저 생명의 세계관에서 바라보는 시공간 개념이 물질의 세계관에서 바라보는 시공간 개념과 어떻게 다른지부터 살펴보아야 한다. 생명의 관점에서 바라본 생명체와 시공간의 관계부터 먼저 살펴보자. 생명체가 생성한다는 것은 생명체가 불변체가 아니라 시간 속에서 변화하기 때문이다. 그래서 나무는 봄이 오면 잎이 나고 가을이 오면 잎이 마른다. 또한 나무는 자연의 공간 속에서 나뭇잎을 통해 온몸으로 햇빛을 받아들이며 광합성을 한다. 생명이 시공간 속에서 변화한다는 것은 시공간 속에서 생성하는 것을 말하며, 생명이 시공간 속에서 생성한다는 것은 생명과 시공간이 분리되지 않고 한 몸으로 존재한다는 것을 의미한다.

반면에 물질과 시공간의 관계는 다르다. 플라스틱으로 만든 나무가 자연 속에 있다면 어떨까? 플라스틱 나무는 시간의 흐름에 따라 잎의 색이 변하지 않으며 햇빛과 교감하지도 않는다. 플라스틱 나무는 자신을 둘러싼 시공간 세계와 무관하게 존재한다. 무관하다는 것은 물질과 시공간 세계가 분

272

리되어 있음을 의미한다. 이렇듯 존재를 생명체로 바라보는가, 아니면 물질로 바라보는가에 따라 존재와 시공간의 관계는 달라진다. 그렇다면 지를 생명체로 바라보는 천지의 세계관에서 천·지의 관계를 그린 아래 그림에서 시공간 세계로서 천의 영역을 어떻게 규정할 수 있을까?

생성문명에서 제시한 천의 개념은 생명의 세계관에 의해 그 성격과 영역이 규정된다. 성격의 규정이라 함은 시공간이 어떤 역할을 하는지를 말한다. 물질과 시공간은 분리되어 있기에, 시공간은 물질에 관여하지 않는다. 반면에 생명의 시공간은 생명의 생성에 관여함으로 생명의 모체로서 역할을 한다. 영역의 규정이라 함은 시공간이 차지하는 구체적 영역을 어떻게 규정할 수 있는가를 말한다. 물질과 분리된 시공간은 물질에 의해 시공간의 영역이 한정되지 않는다. 따라서 물질의 시공간은 현대 물리의 무한한 우주와 그 영역이 일치한다.

반면에 생명의 시공간은 '생명의 생성에 관여하는 시공간'으로서 그 영역이 한정된다. 그래서 천지의 세계관에서 천의 영역은 현대 물리의 우주와 그 영역이 다르다. 지를 둘러싼 우주 전체가 아니라 생명체로서 지의 '생성에 관여하는' 이라는 조건 속에서 그 영역이 한정되기 때문이다. 그렇다면 이제 천의 시공간 세계가 어떻게 생명의 생성에 관여하는지를 살펴보자.

공간과 생성에너지

생성문명에서 천과 시간 개념은 일찍부터 중요한 연관을 가졌다. 반면에 공간 개념은 영역으로서의 의미 외에 시간처럼 어떻게 생명의 생성에 관여하는지 특별히 논하지 않았다. 그렇다면 천의 공간은 단지 시간이 흐르는 곳으로서만 의미가 있는 것일까? 아니면 시간과 또 다른 역할로 생명의 생성에 관여할까? 라는 의문이 남는다. 생성신화권에서 바라본 공간의 의미는 공기라는 한자어 속에 잘 담겨 있다. 공기(空氣)를 한자어 그대로 풀어쓰면 '공간의 기운'이 된다. 생성신화권이 공간을 텅

빈 곳이 아니라 '기운'으로 채워져 있는 곳으로 인식하였음을 말한다.

그렇다면 공기(空氣)란 한자어에서 '기(氣)'란 무엇일까? 기는 물질의 세계관으로 정의할 수 없는 개념이다. 왜냐하면 기란 생명의 세계관에 바탕을 둔 개념이기 때문이다. 생명의 세계관에서 기(氣)란 생명을 생성시키는 근원 에너지로서, 생명에너지 혹은 생명의 생성에 관여하는 생성에너지로 정의할 수 있다. 생명은 물질과 달리 공기 없이 살 수 없다. 생명이 공기 없이 살 수 없다는 것은 생명이 시간 속에서 변화하며 생성하듯, 공간의 생성에너지를 통해 생성한다는 것을 의미한다. 생성신화권을 '기 문화권'이라 부르는 관점에는 천의 시공간이 시간과 함께 공간 또한 독자적 역할로 생명의 생성에 관여한다는 인식이 담겨 있다.

시간원리는 무엇인가

생명의 근원을 천이라 한다면 생명의 근원원리는 천의 원리로 부를 수 있다. 천이 생명의 시공간을 의미하기에, 천의 원리는 곧 시공간원리를 의미한다. 그래서 생명의 세계관에서 시공간이 생명의 근원이 되고, 시공간원리는 생명의 근원원리가 된다. 생명의 근원원리가 곧 생명의 생성원리라 할 때, 먼저 시간은 어떤 원리로 생명의 생성에 관여할까? 시간원리 또한 시공간과 마찬가지로 세계관에 의해 달리 규정된다. 그래서 생명의 세계관에서 시간원리는 물리적 관점에 따른 것이 아니라 생명의 생성원리에 의해 규정된다.

물리적 관점에서 바라보는 시간의 흐름은 과거 – 현재 – 미래로 이어지지만, 생명의 관점에서 시간의 흐름은 계절의 변화처럼 직선적 흐름이 아닌 순환의 양상으로 생성에 관여한다. 생성문명은 일찍부터 생명의 생성에 관여하는 시간의 흐름을 순환원리로 이해하고, 시간의 순환원리를 통해 생명이 재생을 이룬다고 보았다. 그래서 생명이 생성하는 비밀을 재생원리에서 찾고 재생원리를 생명의 근원원리로 이해하고, 생명이 재생하는 원리를 우로보로스와 태극 상징에 담았다. 그렇다면 생명의 근원원리는 시공간원리가 아닌 시간의 순환원리를 그대로 이어받는 것일까?

공간원리는 무엇인가

계절의 변화는 시간의 변화만을 의미하지 않는다. '공기가 찬 것을 보니 가을이 왔구나.'란 말

속에는, 인간이 계절의 변화를 공기의 변화를 통해 체감한다는 것을 말한다. 시간의 변화를 '공간의 기운' 변화로 체감한다는 것은 시간의 변화가 공간을 채운 생성에너지의 상태를 변화시킴을 의미한다. 꽃이 피고 지는 과정에서 시간의 순환원리는 물과 햇빛 등 생성에너지의 조율을 통해 이루어진다.

봄이 되어 꽃이 피는 것은 햇볕이 따뜻해지고 얼은 땅이 풀리며 물이 꽃의 생성에 관여함으로 이루어진다. 마찬가지로 가을이 되어 꽃이 지고 잎이 마르는 것은 햇빛이 약해지고 대기가 건조해지기 때문이다. 이처럼 시간의 순환은 공간을 구성하는 생성에너지의 조율을 통해 생명의 생성에 관여한다. 이는 시간이 추상적 시간 자체로서가 아니라 공간의 생성에너지를 통해서 관여함을 의미하며, 공간의 생성에너지가 시간의 변화에 따라 변화된 양상으로 관여함을 말한다.

시간원리가 생명이 바라보는 시간의 운동 양상을 의미한다면, 공간원리란 생명의 생성에 관여하는 공간의 운동 양상을 의미한다고 한다고 볼 수 있다. 공기를 정의하는 공간을 채우는 기운(氣運)이란 개념에는 공간원리가 담겨 있다. 기운(氣運)이란 단어에는 생성에너지로서 기(氣)가 멈춰진 것이 아니라 운행(運行)한다는 의미를 담고 있으며, 한자어 운(運)은 '돌다'는 뜻으로 '순환'을 의미한다. 따라서 공간을 채운 생성에너지의 운동 양상으로서 공간원리 또한 순환원리로 정의할 수 있다. 시공간이 분리되지 않듯, 시공간원리 또한 순환원리로 통합되어 있음을 보여준다.

생명의 시공간원리가 순환원리인 이유는 시공간의 운동원리가 순환의 양상을 이루기 때문이며, 이를 현대 과학으로 해석하면 태양을 중심으로 한 지구의 공전과 자전, 그리고 지구를 도는 달의 운행질서가 모두 순환운동을 하기 때문이다. 그래서 생성문명의 근원원리로서 순환원리는 계절의 변화 즉 태양을 중심으로 설명하고 있지만, 실질적으로는 달의 공전과 지구의 자전 등 다양한 층위의 순환원리로 구성되어 있다. 이렇듯 생성문명에서 시간의 변화원리란 궁극적으로 시공간의 변화원리를 의미하며, 시간의 순환원리 또한 시공간의 순환원리를 의미한다.

생명은 천을 공유한다

창세신화에서 생명의 대지를 의인화한 데는

단순히 지구를 의인화한다는 의미를 넘어, 또 다른 뜻이 담겨 있다. 첫 번째 의미는 지구를 생명체로 바라본다는 뜻이며, 두 번째는 지구 생명계의 생성 원리와 개별 생명체의 생성원리가 다르지 않다는 뜻이 담겨 있다. 이는 천이 지구 생명계의 천이자 개별 생명체의 천이기도 함을 말한다. 개별 생명체는 천·지의 관계와 동일하게 저마다 천과 한 몸을 이루며 생성한다. 그래서 개별 생명체의 관점에서 바라보는 천은 공유하는 천이다.

생성문명에서 뱀은 생명의 근원원리로서 천의 원리를 상징한다. 그래서 복희·여와가 뱀의 형상을 공유한다는 것은 복희·여와로 상징되는 지구 생명계에 속한 모든 생명체가 천과 함께 천의 원리를 공유한다는 것을 의미한다. 이렇듯 지에 참여하는 생명체는 천의 신성을 공유함으로 신성주체가 된다. 역으로 서로 다른 본성을 가진 생명체가 신성주체인 이유는 천의 신성을 공유하기 때문이며, 천의 신성을 공유한다는 것은 개별 생명체가 저마다 천과 한 몸을 이루고 있음을 말한다.

꽃 한 송이가 여는 천의 시공간

'꽃 한 송이 피는 데 우주가 관여한다.'라는 말

에는 꽃 한 송이를 피는 데 천이 관여함을 의미하며, 꽃이 저절로 피어날 수 있는 이유가 꽃이 천과 한 몸으로 존재하기 때문이라는 의미가 담겨 있다. 또한 천을 공유한 개별 생명체가 서로 다른 꽃을 피운다는 의미는, 모든 생명체가 본성대로 자신만의 시공간을 연다는 의미로 해석할 수 있다. 생성 신화권이 지구의 탄생을 천지개벽이라 부른 이유는 무엇일까?

천지개벽을 문자 그대로 풀어쓰면 하늘과 땅이 열린다는 의미다. 하늘과 땅이 열린다는 의미와 지구(반고)의 탄생은 어떤 관계일까? 하늘이 열리는 것은 천이 열리는 것을 의미하며, 땅은 반고의 몸을 뜻한다. 즉 반고의 탄생과 함께 반고의 시공간인 천이 열리는 것을 의미한다. 그래서 반고(지)의 탄생은 곧 천의 탄생이며, 천의 탄생은 시공간 세계의 탄생을 의미한다. 반고는 지구 생명계를 의인화한 거인이지만 반고의 탄생 과정은 개별 생명체의 탄생 과정과 다르지 않다. 따라서 개별 생명체의 탄생 또한 반고의 천지개벽처럼 자신만의 시공간을 연다고 볼 수 있다. 한 생명이 태어나는 것을 한 우주(천)의 탄생으로 해석할 수 있는 이유다.

꽃피우는 세계관에서 천의 시공간은 꽃피우

는 시공간이기도 하다. 그런데 생명체는 서로 다른 본성의 꽃을 피운다. 그래서 꽃피우는 시공간은 서로 다른 꽃을 피우는 고유한 시공간이기도 하다. 복희·여와가 뱀의 형상을 공유한 것은 천의 신성을 바탕으로 상반신에 담긴 서로 다른 본성대로 고유한 천의 시공간을 여는 주체라는 의미까지 포괄하고 있다. 이렇듯 생성신화권이 해석하는 천은 모든 생명체가 공유하는 천이자, 개별 생명체가 본성에 따라 고유한 시공간 세계를 열 수 있게 만드는 생명의 근원으로 자리한다.

열리고 닫히는 시공간

생명의 탄생과 함께 생명의 시공간이 열린다는 말에는 중요한 의미가 담겨 있다. 이는 생명의 소멸과 함께 생명의 시공간 또한 함께 닫힌다는 것을 의미하기 때문이다. 생명의 시공간 세계가 천이라 할 때, 천 또한 마찬가지다. 반고신화에서 보듯 지구 생명계의 천이 지구 생명계의 탄생과 함께 열린다는 것은 지구 생명계의 소멸과 함께 닫힌다는 것을 의미한다. 여기에는 천의 개념이 물리적 개념의 천과 어떻게 다른지 잘 드러난다. 천지의 세계관에서 시공간의 성격과 영역은 생명에 의해 규정된다는 의미가 여기에 있다.

물질의 세계관에서 물질은 시공간과 분리되어 있기에, 물질의 존재 유무와는 관계없이 시공간은 존재한다. 반면에 천·지를 한 몸으로 바라보는 생명의 세계관에서 천의 시공간은 생명과 함께 열리고 닫힌다. 이러한 맥락 속에서만 꽃 한 송이가 피고 지는 것이 꽃의 시공간이 열리고 닫힌다는 의미가 온전히 드러날 수 있다.

들꽃의 시공간

생명이 공유하는 천의 세계는 생명을 꽃피우는 시공간으로서 실체의 세계다. 그러나 실체의 세계라는 의미 또한 물질적 관점으로서 단일한 속성을 가진 고정된 세계를 의미하지 않는다. 왜냐하면 천의 시공간 세계는 들꽃의 무수한 시공간을 비롯한 모든 생명체의 고유한 시공간을 품으면서 동시에 끝임 없이 시공간이 열리고 닫히는 세계이기 때문이다.

현재 인류는 물질문명 속에 살고 있다. 물질문명 속 인간은 자신의 본성을 향유할 수 있는 천 속의 인간이 아니라, 천과 분리된 병든 존재일 수밖에 없다. 그래서 물질문명 속에서 살아가는 인류가 신성을 회복하는 과정은 생명의 세계관으로서 천지의 세계관을 회복하는 과정이기도 하다. 천지의 세계관을 이해하는 과정의 중심에 천의 개념이 자리한다. 그런데 현실에서 천의 개념을 이해하는 과정에는 여러 어려움이 있다. 그 중 가장 큰 어려움은 '천'을 관념으로 이해하는 문제다.

천지의 세계관에서 천은 관념이 아닌 생명이 생성하는 구체적 현실에 기반을 두고 있다. 천을 시공간 세계로 해석하고자 하는 이유가 여기에 있다. 또한 관념 세계가 아닌 현실 세계로 이해한다는 것이 물리적 관점으로 이해한다는 것을 의미하지 않는다. 지금까지 살펴보았듯, 현재 인류의 보편적 인식체계로 자리 잡은 물리적 관점은 현실 세계를 생명의 관점에서 바라보지 않기 때문이다.

그래서 천지의 세계관을 이해하는 과정은 관념의 영역에 갇힌 천의 세계를 현실의 영역으로 되돌리는 과정임과 동시에 천의 세계를 물질의 관점이 아닌 생명의 관점으로 해석하는 것을 의미한다. 인간은 세계를 특정한 '관점' 즉 세계'관'을 통해서 이해한다. 그래서 세계를 이해하는 과정은 세계'관'을 이해하는 과정이며, 세계'관'을 이해하는 과정은 세계를 바라보는 '관점'의 전환을 통해서만 가능하다.

천지의 道와 인간의 길

이제 천지의 세계관에 담긴 천의 신성을 생성신화권과 한국문화는 어떻게 승계하는지를 살펴보고자 한다. 생성신화권은 생명의 근원원리인 천의 신성을 종교뿐만 아니라 천도(天道)라 부르며 철학과 문화의 중심 원리로 승계한다. 생성신화권에서 도(道)란 인간이 살아가는 '길', 인간이 마땅히 따라야 할 '길'로서 진리를 의미한다.

그래서 천의 신성에 담긴 생명의 근원원리를 천도(天道)라 부르고, 이어 천도를 바탕으로 인간이 살아가는 땅의 질서원리를 지도(地道)라 부른다. 창세질서의 한 축을 이루는 생명의 근원원리를 천도(天道)에 담았다면, 또 다른 한 축을 이루는 생명계의 질서원리를 지도(地道)에 담았다. 천도란 생명의 근원원리로서 생명의 시공간원리를 의미하며, 천도를 바탕으로 구현된 지도는 지구 생명계에 참여하는 개별 생명체가 서로 관계를 이루며 자율적 생성질서를 구현하는 이치를 담고 있다.

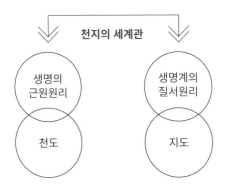

천도가 인간에게 신성회복에 대한 길을 제시한다면, 지도는 인간 공동체가 상생의 질서를 구현할 수 있는 길을 제시한다. 이렇듯 지도는 천도와 분리될 수 없고, 천도는 지도가 실현되기 위한 근본 바탕으로 자리한다. 천지의 세계관에 바탕을 둔 한국의 무속신화는 신성을 상실한 병든 세계에서 지도를 구현하기 위해서는 먼저 생명체가 신성을 회복하는 천도의 길을 걸어야 한다는 세계관적 인식을 '환생꽃'과 '거지잔치'라는 중심 모티브에 담았다.

환생꽃을 구하는 바리의 여정이 생명의 근원원리를 구하는 천도를 따르는 길이라면, 거지잔치를 여는 것은 생명계의 질서원리를 회복하는 지도를 따르는 길이다. 환생꽃을 구하는 바리의 여정이

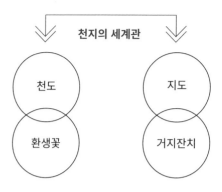

병든 세계를 치유하는 길이 어디에 있는지를 밝히는 천도의 길이라면, 거지잔치는 상생의 세계를 구현하는 지도의 길을 밝히고 있다. 이제 천의 신성을 회복하여 상생의 세계를 구현하고자 하는 생성 신화권의 문화원형이 문화 전승물 속에 어떻게 승계되고 있는지를 살펴보자.

'천원지방'의 형상은 무엇을 의미하는가

천지의 세계관이 제시하는 천도와 지도를 승계하는 전통문화 중 널리 알려진 것은 '하늘은 둥글고 땅은 모나다'라는 의미를 담고 있는 '천원지방(天圓地方)'의 형상이다. 오늘날 천원지방의 형상을 가장 쉽게 접할 수 있는 곳은 전통 정원 속 연못의 조형이다. 궁궐을 비롯한 전통 정원 속 연못의

286

모양은 네모나며, 가운데 둥근 인공 섬이 조성되어 있다. 또 다른 예는 전통 화폐인 엽전이다. 엽전은 둥근 형상에 가운데 네모의 형태로 뚫려 있으며, 그 외에도 천원지방의 형상은 건축과 생활 문화 곳곳에 전승되고 있다.

그런데 현재 일반적인 관점은 천원지방의 형상을 천도와 지도를 상징한다고 보지 않고, 둥근 하늘의 모양과 네모난 땅의 모양을 의미한다고 본다. 그래서 이제 문화 전승물에 담긴 천원지방의 형상이 천지의 '모양'을 의미하는지, 아니면 '천도와 지도'를 상징하는지를 가려보고자 한다. 먼저 천원지방의 개념이 어디서 비롯하는지부터 찾아보자. 천원지방은 한나라(기원전 2세기~기원후 3세기) 때 편찬된 것으로 추정되는 고대 중국의 수학 및 천문학 문헌인 『주비산경(周髀算經)』에 기록된 '개천설(蓋天說)'이라는 당대의 천문학설을 뒷받침하는 이론이다. 개천설은 둥근 공을 반으로 자른 반 원구 형태의 천이 사각 모양의 평평한 지구를 덮고 있다는 천문학설이다. 개천설의 이론으로서 천원지방설은 하늘은 둥글어 보이고 지구는 평평해 보인다는 고대의 일반적인 관념에 평평한 땅의 모양을 사각 모양으로 재규정하였다고 볼 수 있다.

그런데 땅의 모양이 사각이란 생각은 어디서 비롯하였을까 라는 의문이 남는다. 여기에는 중요한 의미가 있다. 왜냐하면 당대 전해지던 천지의 모양에 대한 통념에 평평한 땅이 사각 모양이라는 새로운 생각이 더해진 경위를 밝히는 과정에서 천원지방의 개념이 어디서 비롯하였는지를 추론할 수 있기 때문이다.

주비산경에서 천원지방을 언급한 부분을 살펴보면 '方屬地 圓屬天 天圓地方'이라는 문장이 있다. 해석하면 "모난 것은 땅에 속하며 둥근 것은 하늘에 속하니, 하늘은 둥글고 땅은 모나다"라는 의미다. 이 문장을 분석하면 앞 문장의 '모난 것은 땅에 속하며 둥근 것은 하늘에 속하니'가 뒤의 '하늘은 둥글고 땅은 모나다'란 주장의 근거로 쓰였다는 점을 알 수 있다.

즉 하늘은 둥글고 땅이 평평하다는 통념의 논리적 근거를 앞 문장에서 찾았고, 다시 그것을 근거로 평평한 땅이라는 통념을 '네모난 모양의 평평한 땅'으로 재규정하는 천원지방설이 만들어졌다고 추론할 수 있다. 그렇다면 주비산경에서 천원지방설의 근거로 제시할 만큼 당대의 공유된 믿음인 '모난 것은 땅에 속하며 둥근 것은 하늘에 속하니'

란 생각은 어디서 비롯된 것일까?

하늘의 도는 둥글고, 땅의 도는 각지다

천원지방설의 근거가 된 '모난 것은 땅에 속하며 둥근 깃은 하늘에 속하니'라는 공유된 믿음은 『여씨춘추(呂氏春秋)』에 등장하는 '하늘의 도는 둥글고 땅의 도는 모나다'라는 의미의 '天道圜^{천도환}, 地道方^{지도방}'이라는 문장에 근거한다. 여기서 먼저 여씨춘추가 어떤 책인지 잠시 살펴보자. 여씨춘추는 기원전 239년에 여불위(呂不韋)가 통일제국(진나라)의 정치 철학을 제시하기 위해 전국시대 사상가들의 철학을 편집, 집대성한 책이다.

천원지방설의 근원이 여씨춘추의 '天道圜, 地道方'이란 문장에 있다는 것은 천원지방설이라는 천지의 모양에 대한 근거를 도(道)라는 추상적인 원리에서 찾았음을 의미한다. 추상적인 원리에서 구체적 형상을 추론하거나, 반대로 사물의 구체적 형상에서 사물의 원리를 추론하는 것은 고대 문화에서 세계를 탐구하는 사유의 한 방법이었다. 그렇다면 여씨춘추는 '천도는 둥글고 지도는 모나다'는 의미를 어떻게 해석했는지 살펴보자. 아래 원문의 해석은 『여씨춘추』(여불위, 김근 옮김, 글항아리)를 참조하였다.

天道圜, 地道方, 聖王法之, 所以立上下. 何
以說天道之圜也? 精氣一上一下, 圜周復雜, 無
所稽留, 故曰天道圜. 何以說地道之方也? 萬物
殊類殊形, 皆有分職, 不能相爲, 故曰地道方.

하늘의 도는 둥글고 땅의 도는 모나다. 옛날의
훌륭한 임금들이 이를 본받았으니, 이는 임금과
신하를 세우는 방도인 것이다. 하늘의 도(天道)가
둥근 이유는 하늘의 정기(精氣)가 위아래로 순환
하여 머무름 없이 변화하기 때문이며, 땅의 도(地
道)가 모난 이유는 만물의 무리와 형체가 달라서
모두 각자의 맡은 일을 갖고 있으며 이를 서로 대
신하여 할 수 없기 때문이다.

여씨춘추의 저자 여불위는 '천도(天道)'를 천자
(제왕)의 도로 해석하고, '지도(地道)'의 의미를 천자
의 도(천도)를 정치적으로 구현하는 길로 제시하고
있다. 모든 생명체가 공유하는 천도를 제왕의 도로
한정한 것이다. 또한 자율적 생성질서로서 지도를
제왕의 통치학으로 변질시켰다. 그 변질된 해석의

중심에는 地道方의 方에 대한 해석이 자리한다. 여불위는 方의 '모나다'란 의미를 分職 즉 개인의 '직분'으로 해석한다. '모나다'를 바둑판의 격자 모양으로 해석하고, 이를 신분제 사회에 걸맞은 지위와 직능의 체계로 풀이한 것이다. 바로 임금은 임금다워야 하고, 신하는 신하다워야 하며, 아비는 아비다워야 하고, 자식은 자식다워야 한다는 유교의 정명론(正名論)과 맥이 닿는다. 지도에 담긴 상생의 질서가 신분에 따른 차별의 질서로 변형된 것이다. 이렇듯 여불위는 천도와 지도에 담긴 의미를 임금과 신하의 직분에 걸맞은 책무를 설명하는 논리로 변질시켜 가부장문명의 위계적 정치질서를 옹호하는 데 이용하였다.

　　여불위가 천도와 지도를 유교라는 가부장문명의 통치 논리로 변질시켰다면, 왜곡시킨 天道圓, 地道方에 담긴 본래 의미는 무엇일까? 천지의 세계관에 뿌리를 둔 천도는 생명의 근원원리로서 시공간의 순환원리를 의미한다고 할 때, 天道圓의 하늘의 도가 둥글다는 것은 천의 순환원리를 의미한다는 것을 어렵지 않게 추론할 수 있다. 문제는 地道方에 담긴 땅의 도에 대한 해석이다. 땅의 도가 모나다고 할 때, '모나다'라는 의미를 어떻게 해석할 수 있을까?

컴퍼스와 곱자는 무엇을 상징하는가

여씨춘추에 실린 天道圓, 地道方이란 문장은 천도와 지도를 둥금과 모남이란 형상으로 표현하였다. 천도가 둥글다는 것은 천의 원리가 둥글다는 것이며, 지도가 모나다는 의미 또한 지의 원리가 모나다는 것을 의미한다. 천도와 지도라는 추상적 원리를 형상으로 표현하였다는 것은 천도와 지도를 상징하는 당대에 전해지던 상징적 형상물이 존재했다고 추론할 수 있다. 그렇다면 천도와 지도를 상징하는 상징물은 무엇일까? 생명계의 관계질서를 담은 복희여와도를 다시 한번 살펴보자.

복희여와도 속 복희와 여와의 손에는 각기 다

산동성 가상현(嘉祥縣) 무량사(武梁祠) 화상석, 후한(後漢)

른 도구가 들려 있다. 오른쪽의 복희는 곱자(曲尺, 나무나 쇠를 이용하여 90도 각도로 만든 'ㄱ' 자 모양의 자)를 들고 있고, 왼쪽의 여와는 컴퍼스(圓規)를 들고 있다. 컴퍼스와 곱자가 어떤 신화적 상징을 담고 있기에 복희여와도에 그려져 있을까?

현재 일반적 관점은 복희여와도에 담긴 컴퍼스와 곱자를 천지의 창세과정을 담은 상징물로 해석한다. 창세과정을 건축의 과정으로 비유하고, 컴퍼스가 둥근 하늘을, 모난 곱자가 사각 모양의 지를 측량하는 건축의 도구로 해석하는 관점은 타당할까? 컴퍼스와 곱자를 천지가 만들어지는 창세의 상징물로 해석하는 관점은 복희여와도가 창세신화에서 어떤 위상을 가지는지에 대한 오해에서 비롯한다고 본다.

창세신화도로 불리는 복희여와도는 지구라는 세계가 창세되는 과정이 아닌, 지구 생명계의 질서원리를 담고 있다. 따라서 복희·여와의 손에 들린 컴퍼스와 곱자는 지구라는 집을 짓는 건축 도구가 아닌, 지구 생명계의 질서원리로서 창세질서를 담은 상징물로 해석하는 것이 타당하다. 창세신화에서 지구가 만들어지는 창세과정은 거인 반고가 탄생하고 성장하는 천지개벽 신화에 있다. 이어서 지

구가 생명계로 재탄생하는 대지모신의 창세과정
이 따르고, 이후 지구 생명계의 질서원리를 담은
창세신화도로서 복희여와도가 자리한다.

따라서 복희여와도는 천지가 만들어지는 천
지개벽 신화도가 아닌 생명의 근원원리를 바탕으
로 생명계의 질서원리를 담고 있는 창세신화도다.
그래서 둥근 원을 그리는 컴퍼스는 질서원리의 바
탕이 되는 생명의 근원원리를, 각진 형상의 곱자는
생명계의 질서원리를 상징한다고 추론할 수 있다.
그런데 컴퍼스가 둥근 원을 그리는 도구이기에, 천
도 즉 천의 원리로서 순환원리를 상징한다는 해석
은 어렵지 않지만, 곱자에 대한 해석이 문제다. 지
도가 모나다고 했을 때, 곱자는 어떻게 그 지도의
모남을 설명하는 상징물이 될 수 있을까?

곱자의 형상과 음양의 관계원리

창세질서의 두 축을 이어받은 천도와 지도를
음양철학으로 해석하면, 생명의 근원원리로서 천
도는 음양의 순환원리로, 지구 생명계의 질서원리
로서 지도는 음양의 관계원리로 이어진다. 그래서
컴퍼스와 곱자가 무엇을 상징하는지 음양철학에
맞춰 추론해 보자. 천도를 상징하는 컴퍼스가 음양

의 순환원리를 담은 상징물로 해석한다면, 곱자는 지도의 상징물이자, 음양의 관계원리를 담은 상징물로 해석할 수 있다.

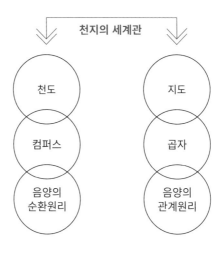

음양의 관계는 서로 대립하는 본성을 가진 두 생명체의 관계를 의미한다. 곱자는 수평과 수직의 형태가 교차하는 ㄱ자 형태다. 그래서 서로 대립하는 수평과 수직이 만나 만들어진 곱자의 형상을 '음양의 관계'를 상징하는 형상으로 볼 수 있다. 수평과 수직을 대립하는 본성을 가진 두 생명체를 상징하는 '음양'으로, 수평과 수직이 하나로 만나는 과정을 '관계' 맺음으로 해석한 것이다. 지도를 설명하는 '모'나다 라는 형상적 표현이 곱자의 '각'진 형상에서 비롯하였다고 볼 수 있다. 그래서 여씨춘추의 '천도는 둥글고 지도는 모나다'란 천도와 지도에 대한 형상적 표현은 복희여와도에 등장하는 컴퍼스와 곱자에 뿌리를 두고 있다고 추론할 수 있다.

둥근 원을 그리는 컴퍼스가 천도의 순환원리를 상징한다면, 각진 사각을 그리는 곱자는 지도의 관계원리를 상징한다. 지금까지 논한 천원지방설이 만들어진 경위를 정리하면, 창세질서의 두 축을 상징하는 컴퍼스와 곱자를 인용해 天道圜, 地道方이라는 천도와 지도에 대한 형상적 표현이 쓰였고, 그것을 근거로 하늘은 둥글고 땅은 사각모양이라는 천원지방(天圓地方)설이 만들어졌다고 추론할 수 있다. 연대순으로 정리하면 <복희여와도의 컴퍼스와 곱자 – 여씨춘추의 천도환, 지도방 – 주비산경의 천원지방설>이 된다.

그런데 현재 출토된 복희여와도는 한나라(기원전 206~기원후 220) 시대에 제작되었다. 위의 연대순에서는 여씨춘추(기원전 239년)의 뒤이다. 그러나 복희여와도라는 창세신화의 형상이 한나라 시대에 만들어졌다 해도 복희여와도에 담긴 창세질서와 복희여와도를 구성하는 뱀과 컴퍼스와 곱자 등 중요 상징들은 한나라 이전에 만들어져 전해졌다고 보는 것이 타당하다. 왜냐하면 생명의 근원원리를 상징하는 꼬리를 문 뱀 상징과 남녀의 결합 형상은 인류가 오래전부터 공유한 생성문명의 중요한 상징들이기 때문이다.

따라서 컴퍼스와 곱자를 비롯한 복희여와도에 담긴 창세질서와 복희여와도를 구성하는 근본원리와 상징물은 한나라 때 처음으로 만들어진 것이 아닌 오랜 역사에 걸쳐 인류가 공유했던 생성문명의 신성한 원리와 상징물을 복희여와도라는 창세신화도에 담은 것으로 해석하는 것이 타당하다. 그리고 여씨춘추에서 추상적인 도의 원리를 '천도는 둥글고 지도는 모나다'라는 형상적 표현은 이미 존재하는 상징적 형상물이 존재하였음을 반증한다. 따라서 천도와 지도의 상징물로서 컴퍼스와 곱자가 먼저 존재했고, 그 상징물을 두고 여씨춘추의 기록이 쓰였다고 볼 수 있다.

간여할 수 없는 만물의 본성

이제 곱자에 담긴 모남의 의미를 여씨춘추의 해석에 적용해 다시 살펴보자. 여씨춘추에서 모난 지도의 의미를 '만물의 무리와 형체가 달라서 모두 각자의 맡은 일을 갖고 있으며 이를 서로 대신하여 할 수 없기 때문이다.'로 해석했다. 만약 이 해석이 전해져 내려온 해석이라면, 신분제 질서를 옹호하는 변질된 의미가 아닌 본래 의미는 무엇일까?

'만물은 서로 다르다'는 것은 서로 다른 본성의 만물을 상징하는 '음양'으로 해석할 수 있고, '서로 대신할 수 없다'는 것은 본성의 고유함을 말함과 동시에 만물의 타고난 본성은 그 누구도 간여할 수 없는 혹은 인위적으로 바꿀 수 없는 그 자체로 신성하다 함으로 해석할 수 있다. 이처럼 여씨춘추는 서로 다른 음양의 신성주체가 동등한 관계로 자율적 생성질서를 구현하는 지도의 본래 의미를 신분제 사회를 옹호하는 의미로 변질시킨 것이다.

그런데 왜 복희여와도에서는 여성인 여와가 천의 원리를 상징하는 컴퍼스를 들고 있고 지의 원리를 상징하는 곱자는 남성인 복희가 들고 있을까라는 의문이 남는다. 왜냐하면 창세신으로서 복희가 천신으로서 천의 원리를 상징하는 컴퍼스를, 여와가 지신으로서 지의 원리를 상징하는 곱자를 들고 있는 것이 타당하기 때문이다. 그런데 천과 지의 관계는 관점에 따라 달라질 수 있다. 천지의 세계관에서 천과 지의 관계는 모체와 자체의 관계를 이루고, 모체를 여성성과 연관하면 여와가 생명의 모체로서 천의 자리에 위치할 수도 있기 때문이다. 이 의문은 과제로 남기고자 한다.

천지의 형상인가, 천지의 도인가

지금까지 논한 이야기는 전통문화 속에 전승되는 천원지방의 형상을 천지의 모양으로 받아들이냐, 아니면 천도와 지도에 대한 상징물로 받아들이냐 라는 문제를 밝히기 위한 과정이었다. 그런데 주비산경에서 제시한 천원지방의 개천설은 오래가지 못했다. 왜냐하면 반원의 지름이 아래의 사각을 덮을 수 없다는 당대의 문제 제기에 타당한 답을 내놓을 수 없었기 때문이다. 이에 관해 전한(前漢, 기원전 206년~기원후 8년) 시기에 증자(曾子)와 제자가 천원지방설에 대해 나눈 대화가 문헌으로 전한다.

"하늘은 둥글고 땅은 모나다는 것이 진실로 그러합니까?"라는 제자의 물음에 증자는 "……만일 하늘이 둥글고 땅이 모나면, 네 귀퉁이는 가리지 못할 것이다"라고 답한다. 이렇듯 하늘이 둥글고 땅이 네모나다는 천원지방의 개천설은 논리적 정합성에 허점을 남겼다. 그래서 '혼천설(渾天說)'이라는 새로운 학설이 등장해 개천설을 밀어내고 천지의 형상에 대한 주류의 천문학설로 자리를 잡는다. 혼천설이란 둥근 계란 모양의 천(天) 속에 지구라는 노른자가 자리한다는 해석이다. 혼천설은 개천설보다 천과 지를 모체와 자체의 관계로 해석하는 천지의 세계관에 더욱 부합한다. 그래서 천원지방의 개천설이 밀려나고 혼천설이 주류의 학설이 되는 건 자연스러운 결과였다.

실제로 한대(漢代) 이후의 학자들은 대부분 혼천설을 지지하였다. 그런데 현재 전승되는 천원지방의 형상이 개천설을 뒷받침하는 이론을 그대로 계승한 것에 불과하다면, 한대 이후 개천설의 설득력이 떨어져 혼천설이 주류 학설이 되었는데도 현재에 이르는 이유를 설명하기 어렵다. 더구나 천지의 모양 자체를 중요하게 여겼다면, 이천여 년 전에 제기된 의문과 새로운 학설인 혼천설로 변화되었다는 천문학의 발전 과정에 대한 역사적 사실조차 반영하지 못하고 있기 때문이다. 이미 오래전에 폐기된 천문학설의 이론으로서 천원지방설이 그토록 많은 문화유산 속에 남겨져 지금까지 전승되는 이유는 어디서 찾을 수 있을까?

그것은 천원지방의 형상이 천지의 모양이 아닌 다른 이유로 전승되고 있다는 것을 의미한다. 그래서 천원지방의 형상은 천지의 모양이 아닌 천도와 지도를 상징하는 것으로 보는 것이 타당하다. 그 이유는 천원지방설이 천도와 지도를 바탕으로 만들어진 이론이라는 데 있다. 천원지방의 형상은 천지의 모양에 대한 이론으로서 의미는 사라져도 이론의 뿌리가 된 천도와 지도를 상징하는 의미는 그대로 남기 때문이다. 그래서 천원지방의 형상이 계승되는 이유는 천도와 지도를 상징하기 때문이며, 여기에 천지의 세계관이 꿈꾸는 이상적 세계에 대한 염원이 담겨 있기 때문이다.

모든 문화권은 자신들이 생각하는 이상적인 세계와 그 세계를 상징하는 형상을 문화 속에 담아 계승한다. 기독교의 십자가처럼 인류의 문화에서 신성하게 여기는 원리를 상징화한 형상물은 중요한 위상을 가진다. 태극이 생활문화 속 문양으로 널리 활용될 수 있었던 이유가 추상적 진리를 구체적 형상에 담아낼 수 있었기 때문이듯, 천원지방의 형상이 널리 전승된 이유 또한 추상적인 천도와 지도의 의미를 구체적 형상에 담을 수 있었기 때문이다. 그래서 천원지방의 형상을 활용한 문화적 전승물은 단지 천지의 모양을 담아내고자 한 것이 아니라 태극 도안처럼 한국인이 염원하는 이상적 삶의 질서를 담은 신성한 상징 도안으로 재해석되어야 한다.

꿈의 기억을 복원하다

천원지방의 형상은 천지의 세계관을 바탕으로 하고 있다. 그래서 천원지방의 형상에는 천지의 세계관을 인간 공동체에 구현하고자 하는 문화적 의지가 담겨 있다. 천원지방의 형상이 긴 생명을 유지하는 이유는 이것이 천지의 세계관이 구현하고자 하는 이상세계를 향한 길을 제시하고 있기 때문이다. '천원'에는 모든 생명체가 자신의 시공간을 여는 신성한 주체임을 자각하는 천도의 길을 제시하고 있으며, '지방'에는 상생의 질서를 구현하는 지도의 길이 제시되어 있다. 그래서 천원지방에 담긴 이상적 세계는 모든 생명체가 신성을 회복하는 천도를 바탕으로 자기실현의 삶을 향유하는 지도가 구현된 세계다.

생성신화권에서는 이러한 이상세계를 **대동(大同)세계**라 불렀다. 대동을 그대로 풀어쓰면 '크게 하나다'란 의미다. 한국인은 일상에서 '크게 보면 다 똑같다' 혹은 '크게 보면 다르지 않다'는 표현을 즐겨 쓴다. 여기에서 '크게 보면'이란 말은 현실에서 다르게 보임을 전제한다. 그래서 대(大)는 서로 다른 본성을 가진 모든 생명체를 포괄하고 동(同)에는 모든 생명체가 동등한 신성의 주체라는 의미를 품고 있다. 대와 동을 합쳐 해석하면, '지구 생명계에 참여하는 서로 다른 본성을 가진 모든 생명체는 동등한 신성 주체'라는 의미로 이어진다.

그러나 여기서 대동세계는 완성되지 않는다. 생명의 본성은 다른 생명체와 관계를 통해서 자신을 실현하기 때문이다. 따라서 대동세계는 관계를 통해 자신을 실현하는 상생의 세계로 완성된다. 천원지방의 형상에는 천도를 바탕으로 지도가 구현된 대동세계를 구현하고자 하는 생성신화권의 문화의지가 담겨 있다. 그래서 천원지방의 형상에 담긴 의미를 복원하는 과정은 생명의 세계관으로서 천지의 세계관을 복원하는 과정이며, 대동세계를 향한 꿈의 기억을 복원하는 과정이기도 하다.

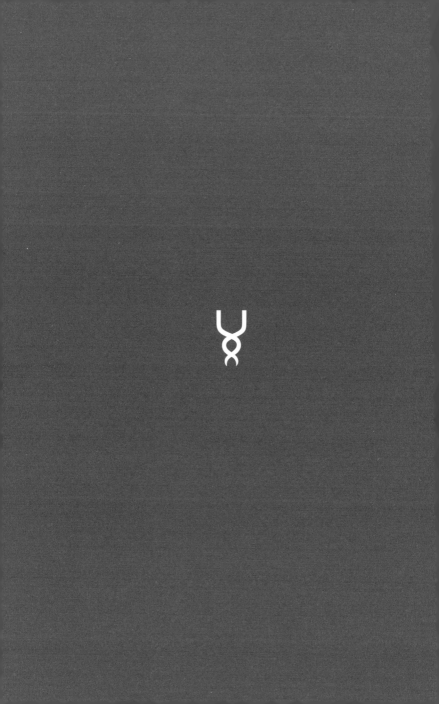

왜 _____

창조신은_____

가면의 신이 _____

_____ 되었는가

신은 신화를 통해 얼굴을 드러낸다. 창세신화에 담긴 창세주체와 원리는 신성의 원형을 규정하며, 신성의 원형은 신화권 마다 다른 종교문화의 신성을 규정한다. 한국의 종교문화가 생명을 신성의 주체로 바라보는 다신관으로 생성문명의 신성을 승계하고 있다면, 정복신화권은 어떤 신성을 종교문화로 승계하고 있을까? 생명의 신성을 부정한 정복신화권은 현재 기독교, 유대교, 이슬람교로 불리는 유일신 문화권과 겹친다. 그렇다면 유일신 문화권은 정복신화의 신성을 승계하고 있는 것일까? 만약에 유일신 종교문화가 정복신화의 신성을 승계하고 있다면, 종교의 보편적 본질인 인간의 신성

회복과 구원의 길을 어떻게 제시하고 있을까? 여기에 유일신 종교문화의 비밀이 있다.

그래서 마지막 장을 통해 기독교문화의 신성을 중심으로 정복신화권의 종교문화에 감추어진 신성의 비밀을 밝혀 보고자 한다. 현실에서 종교 문제는 민감하며 언급하기 조심스러운 것이기도 하다. 그러나 신의 이야기를 담은 신화와 종교의 신성 문제는 본질적으로 연관되어 있기에 피할 수 없는 문제기도 하다. 그래서 '신성의 본질'을 밝히는 이 장의 논의 과정이 궁극적으로 인류가 공유하는 '종교의 보편적 본질'에 대해 함께 모색하는 과정이 되었으면 하는 바람을 덧붙인다.

선악과의 비밀

창조신화는 이브가 뱀의 유혹에 빠져 선악과를 먹고, 이를 아담에게 권함으로 인류의 타락이 시작되었다고 전한다. 타락과 불행의 근원에 여성이 있고, 여성은 다시 뱀과 내통한다. 창조신화의 서사는 인류의 타락에 대한 책임을 뱀과 여성에게 돌린다는 측면에서 정복신화의 서사와 다르지 않다. 그런데 창조신은 모든 행위가 자유로웠던 에덴의 삶에서 왜 유독 인간에게 선악과만은 금기시

했을까? 선악을 알게 하는 선악과가 왜 그토록 중요한 역할을 담당하고 있는 것일까?

다시 신화의 이야기로 돌아가 보자. 뱀은 이브에게 선악과를 먹으면 눈이 밝아져 신과 같이 될 수 있다고 유혹했다. 이는 신의 신성한 권능이 선악을 분별하는 데 있음을 말하는 것일까? 신화의 목적은 신화에 담긴 신성의 뜻을 밝혀 인간이 신의 뜻을 따르게 하는 데 있다. 뱀을 악하다고 본 신의 뜻은 선악을 분별하는 데 있기에, 인간 또한 신의 뜻에 따라 선악을 분별하고 악을 정복하여 신의 영광을 드러내야 한다. 그런데 문제는 그 다음 이야기에 있다.

창조신은 인간이 선악과를 따 먹는 행위를 유일한 금기로 제시한다. 왜 선과 악을 분별하는 선악과를 먹는 행위는 죄가 되는 것일까? 창조신화는 이 모순을 인간의 교만함에서 찾는다. 이브는 선악과를 먹으면 신과 같이 될 수 있다는 뱀의 유혹에 넘어갔다. 신과 같이 되고 싶어 한 인간의 마음을 교만으로 본 것이다. 이러한 논리는 정복신화에서 반복되는 교만한 인간과 저주하는 신의 패러다임을 그대로 가져 온 해석이다. 그렇지만 정복신화가 지목한 인간의 교만함은 인간 본성의 혼돈함에서 비롯한다. 인간의 교만함이 본성의 혼돈함에서 비롯한다면, 교만한 인간은 자신의 본성으로서 악한 혼돈의 본질을 깨달아 선한 신의 질서를 따름으로 자신의 교만함을 극복할 수 있기에 교만한 인간은 선악을 분별할 수 있는 선악과를 먹어야한다.

그래서 선악과를 먹어 신과 같아진다는 것은 신의 질서를 부정하는 교만함이 아니라 혼돈하고 교만한 인간이 신의 뜻을 깨닫고 순종하는 것을 의미한다. 그런데 창조신은 선악과를 먹고 눈이 밝아져 선악을 분별하게 된 인간을 에덴동산에서 추방한다. 뱀과 여성의 신성을 부정하는 정복신화의 신성을 공유한 창조신은 왜 정복신화의 신성원리인 선악이분법의 원리를 금기시하고 오히려 선악을 분별하게 된 인간을 에덴의 세계에서 추방하였을까? 여기에 창조신화의 신성에 숨겨진 비밀이 있다.

악의 기원은 어디인가

문명의 역사에서 '악'은 어디에 뿌리를 두고 있을까? 선악의 개념은 생성문명에서 가부장문명으로 변하는 문명 변화의 본질이 어디서 비롯하는

지를 밝히는 중요한 개념이다. 정복신화가 생명의 질서를 부정하는 과정에는 생성문명의 창세질서로서 이원적 생성원리를 상징하는 혼돈이 자리한다. 정복신화는 혼돈을 무질서함으로 세계를 혼란과 불화에 빠뜨리는 부정적 신성으로 규정하기에, 혼돈의 원리를 상징하는 뱀이 첫 번째 정복 대상으로 지목된다. 그래서 신화사에서 악한 존재로 규정되는 첫 번째 대상은 뱀이다.

이렇듯 신화의 역사에서 악의 기원은 혼돈에 있다. 그리고 세계를 혼란에 빠뜨리는 혼돈의 질서를 악한 원리로, 악한 원리를 상징하는 뱀을 악마의 화신으로 규정한다. 그렇다면 선의 개념은 어떻게 만들어질까? 선의 개념은 악과 상대적 개념이다. 상대적 개념이란 악의 개념이 만들어지는 과정에서 선의 개념 또한 함께 만들어지는 것을 의미한다. 악의 개념이 혼돈에 뿌리를 두고 있다면 선의 개념 또한 혼돈에 뿌리를 두고 있다. 이원적 생성원리인 혼돈이 악의 질서를 상징한다면, 선의 질서는 혼돈의 질서를 분리하는 이분법적 질서가 곧 선의 질서가 된다. 혼돈을 상징하는 뱀 상징이 악을 상징하는 최초의 존재라면, 혼돈한 뱀을 정복하고 이분화하는 주체가 곧 선한 주체가 된다.

이처럼 선악의 기원은 모두 생명의 생성원리를 파괴하는 과정에서 만들어진다. 혼돈한 생명의 질서를 이분화하는 과정에서 선악의 이분화가 만들어진다는 것은 선악이분법적 세계관과 이분법적 세계관의 본질이 동일함을 의미한다. 생명의 질서를 이분화하는 명분을 위해 선악의 개념이 만들어지고, 선악의 명분은 생명의 질서에 대한 파괴를 정당화시키는 것으로 두 세계관은 서로를 완성시킨다. 이분법적 세계관과 선악이분법적 세계관이 분리되지 않고 하나로 작동하는 이유가 여기에 있다.

이렇듯 창조신화의 선악과는 정복신화의 이분법적 세계관을 상징한다. 악의 기원이 혼돈에 있다는 의미는 선악의 개념이 정복신화가 생성문명의 신성을 파괴하는 과정에서 만들어진 인위적인 개념임을 말하며, 동시에 악의 기원이 생명과 생명의 생성원리에 있음을 의미한다. 창조신화는 창세신화다. 인류의 창세신화는 뱀과 혼돈으로 상징되는 생성문명의 신성을 공유한다. 그렇다면 선악과를 금기시한 창조신은 생성문명의 신성으로서, 가이아의 신성을 승계하는 신일까?

가면을 벗은 신의 얼굴

　창조신화에 드러난 신성은 여성과 뱀의 신성을 부정하는 이분법적 신성원리를 가진 정복신화의 신성이다. 그런데 선악과를 통해 밝혀진 신성은 정복신화의 신성이 아닌 혼돈의 질서를 창세질서로 바라보는 생성문명의 신성이자, 가이아문명의 신성이다. 정복권력의 신성과 가이아의 신성은 공존할 수 없는 이질적 신성이다. 그런데 창조신화에는 이질적인 두 신성의 목소리가 함께 담겨 있다. 외적으로는 뱀과 여성을 악의 근원으로 바라보는 정복신화의 신성을 이어받고 있지만, 내적으로는 가이아의 목소리가 감추어져 있다. 생성문명의 신성을 정복신화의 신성 속에 감추고 이를 봉합하는 과정에서 신화의 서사는 균열한다. 그리고 그 균열의 중심에는 선악과가 있다.

　그렇다면 창조신화에 담긴 신성의 본질은 무엇일까? 창조신은 세계를 창조한 신으로서 위상을 가진다는 데서 신성의 본질이 드러난다. 창조신은 자신이 창조한 생명계의 질서를 신성한 질서로 바라본다. 창조신이 정복신화의 신성일 수 없는 이유가 여기에 있다. 왜냐하면 정복신화의 신성은 창조질서인 생명의 질서를 혼돈한 악의 질서로 규정하기 때문이다. 그리고 창조신과 정복신화의 신성은 전혀 다른 위상을 가진 신성이기도 하다. 정복신화 의 신성은 태초의 세계를 창세한 **'창조신의 위상'** 과 달리 새로운 문명의 질서를 만든 **'문명신의 위상'**을 가지기 때문이다.

그렇다면 창조신의 창조질서는 어떤 질서일까? 창조신의 창조질서는 창조신이 금기시한 선악과를 통해 드러난다. 창조신이 금하는 것은 창조의 질서이자 생명의 질서를 파괴하는 행위다. 창조신이 선악과를 금기시했다는 것은 선악과에 담긴 선악이분법적 세계관이 창조질서를 파괴한다고 보았음을 의미한다. 선악이분법적 세계관은 생성문명의 창세질서이자 생명의 생성질서인 이원적 생성원리를 파괴하기 위해 만들어진 세계관이다. 따라서 창조신이 선악과를 금기시 했다는 것은 창조신의 창조원리가 바로 생성문명의 창세원리인 이원적 생성원리라는 것을 반증한다.

창조신은 창세질서를 부정한 선악과를 금기의 열매로 규정하고 선악과를 먹은 인간 세계를 타락한 세계로 규정하였다. 이러한 서사는 <에덴의 질서 – 선악과 – 타락의 질서>로 구성된다. 창조신화의 서사는 <미륵의 창세질서 – 꽃을 훔친 석가 –

타락의 질서>로 이어지는 무속신화의 서사 구성과 동일하다. 두 창세신화는 타락의 계기를 선악과를 먹은 인간과 꽃을 꺾어 훔친 석가의 행위로 각각 상징하였다. 꽃이 피는 원리가 곧 생명의 생성원리라 할 때, 꽃을 꺾는 행위는 생명의 이원적 생성원리를 파괴한다는 것을 의미한다는 점에서 선악과에 담긴 의미와 다르지 않다.

두 신화는 태초의 세계를 신성한 세계로 해석하고 창조질서가 파괴된 세계를 타락한 세계로 바라보는 생성신화의 관점을 공유한다. 그리고 창조신이 정복신화의 신성이 아닌 생성문명의 신성을 승계한 신성인 또 다른 이유는 바로 창조신이 구원의 미래를 약속한 신이기 때문이다. 왜 현생을 사는 인류는 구원을 소망하게 되었을까? 인류의 현재 삶이 행복하다면 구원의 소망이 절실할 수는 없다. 구원의 소망은 현실 세계의 질서가 신이 부여한 신성한 질서가 아닌, 타락한 질서임을 전제한다. 현실 세계를 타락의 세계로 규정하는 신성은 현실 세계의 질서를 만든 정복권력의 신성일 수 없다. 따라서 에덴의 창조신은 생명의 신성을 부정하며, 선악을 이분화하는 정복권력의 신성이라는 가면을 쓰고 있지만, 가면 속에 가려진 본래의 얼

굴은 생성문명의 신성인 가이아 신성의 얼굴인 것
이다.

에덴동산의 인간과 혼돈

창조질서인 생명의 질서를 신성한 질서로 바
라보는 창조신은 창조물인 생명의 본성 또한 신성
하다고 본다. 왜냐하면 생명의 본성이 창조된 모습
그대로를 의미하기 때문이다. 그래서 정복신화의
신성이 생명의 신성을 부정하고 악마화한다면, 창
조신은 인간의 본성을 신성하게 여길 수밖에 없다.
그렇다면 창조신이 창조한 태초의 인간인 아담과
이브는 어떤 인간이며, 어떻게 살았는지 신화의 서
사를 살펴보자.

창조신화에서 선악과를 먹은 인간의 첫 번째
행위가 벗은 몸을 부끄러워하며 몸을 가리는 행
위다. 여기에는 중요한 의미가 담겨 있다. 태초의
인간 아담과 이브는 몸에 걸친 것 없이도 부끄러운
줄 모르고 살아갔음을 의미하기 때문이다. 신화에
서 몸에 걸친 것이 없다는 것은 상징적 의미를 담
고 있다. 비로 인위적인 꾸밈없이 본성 그대로의
모습으로 살았음을 의미하기 때문이다. 인위적 꾸
밈이 없는 삶이란 창조질서에 따라 살아가는 것을

의미한다.

창조신은 선악과를 제외하고 인간에게 자유를 허용했다. 부끄럼 없이, 꾸밈없이 본성 그대로 자유롭게 살아가는 인간이란 자신의 본성을 향유하는 인간을 의미하며, 인간이 본성대로 사는 것이 곧 신의 뜻에 어긋나지 않음을 말한다. 바로 본성의 자유의지와 신성의지가 분리되지 않는 삶을 의미한다. 본성대로 자유롭게 살아가는 아담과 이브의 모습은 자신의 본성대로 춤추고 노래하며 삶을 향유하는 생성신화권의 '혼돈'이 살아가는 모습과 닮았다.

그런데 에덴의 인간은 선악과를 먹음으로 낙원에서 추방당하고, 혼돈은 감각기관이 만들어지자 죽음에 이른다. 신이 창조한 인간 본성 그대로의 삶을 사는 에덴의 인간과 '혼돈'의 모습이 닮았다면, 에덴의 낙원 추방과 혼돈의 죽음에는 어떤 연관이 있을까? 에덴에서 인간이 추방되는 과정이 인간의 신성 상실을 상징한다면, 더 이상 자신의 삶을 향유할 수 없게 됨을 의미하는 혼돈의 죽음 또한 신성의 상실을 상징한다는 점에서 다르지 않다.

그렇다면 두 신화는 신성을 상실하게 된 계기

또한 동일한 관점에서 바라볼까? 신성을 상실하게 된 계기를 창조신화에서는 선악과에서 찾고, 혼돈신화에서는 혼돈의 감각기관이 인위적으로 만들어지는 데서 찾고 있다. 혼돈에게 감각기관이 인위적으로 만들어졌다는 것은 혼돈이 자신의 본성대로 살지 못하고 감각적 인식을 중심으로 삶을 살게 됨을 의미한다. 인간의 감각기관이 생명의 질서를 차별 되게 인식하고 궁극적으로 생명의 질서를 이분화한다는 점에서, 이분법적 세계관을 상징하는 선악과와 다르지 않다. 따라서 선악과를 먹었다는 신화적 상징과 인위적으로 감각기관이 만들어졌다는 신화적 상징이 이원적 생성원리의 파괴 과정을 담고 있다는 점에서 동일하다.

이처럼 창조신화가 바라보는 인간의 본성이 혼돈신화와 다르지 않으며, 인간의 타락 과정을 바라보는 관점 또한 혼돈신화와 다르지 않다. 창조신화와 혼돈의 이야기가 서로 이어진다는 것은 현실 세계를 인간이 신성을 상실한 세계로 바라본다는 것과 함께 상실 과정에 담긴 의미까지 서로 공유하였음을 의미한다. 이는 인류가 생성문명의 신성을 공유하고 동시에 생성문명에서 가부장문명으로 이행하는 문명의 변화에 담긴 본질적 의미가 어디에 있는지를 공유하고 있음을 말해준다. 여기에는 생명과 인간의 신성을 회복하고자 하는 종교문화의 보편적 본질이 어떠한 역사적 맥락에 뿌리를 두고 있는지를 잘 보여주고 있다.

누구의 원죄인가

기독교문화에서는 타락의 원인이 인간의 원죄에 있다고 말하지만, 원죄의 해석 또한 신화에 따라 달라질 수밖에 없다. 생명의 본성 자체를 혼돈한 악으로 바라보는 정복신화와 선악과를 먹은 인간의 원죄를 묻는 창조신화의 관점은 다르다. 정복신화가 원죄의 본질과 원죄의 주체를 규정하는 과정은 악의 기원으로서 혼돈을 규정하는 과정과 동일하다. 정복신화가 규정하는 악의 기원이 생명의 생성원리인 혼돈에 있듯, 원죄 또한 생명의 본성 자체에 있다. 그래서 정복신화가 바라보는 원죄의 주체는 인간이다. 반면에 창조신화가 바라보는 원죄는 창조물인 생명의 신성을 부정하고 창조질서이자 생명의 질서를 파괴하는 행위를 의미하기에, 정복권력이 원죄의 주체가 된다.

한국의 창세가는 스스로 꽃 피우는 신성을 잃게 되는 원인을 석가로 상징되는 통치 권력의 욕심으로 분명하게 제시하고 있다. 그리고 정복신화의 영웅은 생명의 신성을 상징하는 용을 살해하고 황금을 독점한다. 창세가에서 꽃을 꺾어 훔치는 석가의 욕심을 정복신화의 서사는 황금의 독점욕으로 더욱 구체화한 것이다. 이렇듯 창조신화가 바라 본 원죄의 주체는 뱀과 뱀의 유혹에 넘어간 이브가 아니라, 생명의 신성을 황금으로 바꾸기 위해 선악과를 만들고 선악과로 인간을 유혹한 정복권력과 정복권력의 신성을 겨누고 있다.

창조신은 천의 신성을 승계한다.

창조신이 가이아문명의 신성을 승계하고 있다면, 가이아문명의 어떤 신성을 승계하고 있을까? 생성문명을 공유하는 인류의 창세신화에서 창세신은 두 유형으로 나누어진다. 바로 대지모신과 천신이다. 대지모신과 천신이 어떻게 다른지부터 살펴보자.

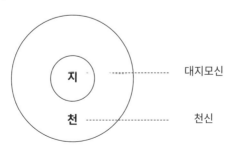

　　한국의 창세신화 속 설문대할망이나 장길손 등이 대지모신이라면, 창세가에 등장하는 미륵은 천신에 해당한다. 대지모신이 '지' 자체를 의인화한 신성이라면, 천신은 천을 의인화한 신성이다. 생성문명에서 천을 신성하게 여긴 이유는 천이 생명의 모체로서 생명의 근원이자 근원원리를 포괄하기 때문이다. 그렇다면 에덴의 창조신은 어떤 신성을 승계하고 있을까? 에덴의 창조신은 창세가의 미륵처럼 세계를 창조한 신으로서 천의 신성을 의인화한 신이다. 가이아문명은 천을 '타르타로스'라 불렀으며, 타르타로스(천)를 가이아의 자궁이자 영생불멸의 신들이 거주하는 공간으로 보았다. 가이아의 자궁이란 생명의 모체로서 천을 의미하며, 그곳에 존재하는 영구불멸의 신은 곧 천의 신성을 인격화한 천신을 의미한다. 따라서 영구불멸의 창조신은 타로타로스(천)에 거하는 천의 신성을 승계한다고 볼 수 있다.

　　그런데 왜 인류의 신화는 대지모신과 함께 천신(하늘신)의 존재가 필요했을까? 설문대할망과 장길손, 그리고 반고는 대지모신으로서 스스로 변화해 대지를 탄생시키는 것으로 자신들의 역할을 마친다. 이렇듯 대지를 의인화한 설문대할망 등은 창세과정 속에서 사라지지만, 미륵과 창조신 등 천의 신성을 인격화한 천신은 영원하기 때문이다. 인류는 창세과정과 함께 사라지는 신이 아닌 지속적으로 신앙의 대상이 될 수 있는 불멸의 인격신을 필요로 했고 미륵과 창조신등 천신이 그 역할을 담당했다고 볼 수 있다. 그것이 신을 통해 신성의 비밀을 기억하고자 하는 종교의 보편적 본질이기도 하다.

대지모신이 천신으로 변화하는 과정은 창세가의 미륵을 살펴보면 잘 알 수 있다. 미륵의 외형은 거인으로서 대지모신의 모습을 하고 있지만, 천신의 신성을 가진다는 점은 대지모신 중심의 신앙에서 새로운 천신 신앙이 만들어지는 과정을 잘 보여주고 있다. 그런데 천신이 영구불변의 인격신으로 생성문명의 신성을 승계한다는 것이, 대지모신의 신성이 인류의 종교문화에서 사라지는 것을 의미하지 않는다. 지구 생명계에 살아가는 모든 생명이 곧 대지모신의 몸이기에, 대지모신의 신성은 모든 생명을 신성의 주체로 바라보는 다신 신앙으로 승세되기 떼문이다. 한국의 무교가 다신 신앙인 이유가 바로 대지모신의 신성을 계승하기 때문이다.

천신을 중심으로 한 기독교문화에서 대지모

신인 가이아의 신성을 계승하는 신성이 있다. 바로 성모 마리아다. 종교 개혁으로 갈라진 현재의 기독교에서 마리아는 예수의 육신 상 어머니에 불과하지만, 구교이자 현재의 가톨릭에서 마리아는 성모로서 대지모신의 신성을 승계하고 있다. 창세신인 대지모신이 다신 신앙으로 계승되는 데 반해, 성모 마리아는 후대에 예수의 신성과 함께 대지모신의 신성을 부여받았다고 볼 수 있다. 이렇듯 창조신이 가이아문명의 신성을 천신의 위상으로 계승하듯이 마리아는 대지모신의 신성을 계승하고 있다. 창조신과 마리아의 신성이 특정 종교의 신성을 넘어 종교문화의 보편적 신성으로서 위상을 가질 수 있는 이유는 인류가 공유한 생성문명에 뿌리를 둔 천신과 대지모신의 신성을 계승하고 있기 때문이다.

창조론과 생성론

인류의 창세신화는 태초의 생명이 저절로 만들어지는 '생성'의 관점을 공유한다. 에덴동산을 창조한 창조신화 또한 창세신화에 속한다. 그렇다면 창조신화 또한 생성신화일까? 창조와 생성의 문제는 현대에 와서 창조론과 진화론의 대립으로 이어지기도 한다. 근대과학이 생명의 생성 역사를 생명의 진화 과정으로 해석하였다는 점에서 생성론과 진화론에 담긴 본질적 의미는 다르지 않다. 그러나 신화와 세계관을 논하는 장에는 근대과학의 '진화'라는 개념보다 '생성'이란 개념이 적합하다고 본다. 인류가 공유하는 창세신화가 세계를 '생성하는' 생명체로, '생성원리'를 생명의 근원원리로 바라보기 때문이다.

창세신화의 신성은 창세주체와 창세원리를 통해 밝혀진다 할 때, 창세주체가 창조신인 창조신화와 생명이 스스로 생성하는 생성신화는 서로 대비된다. 창세신화를 다시 창조신화와 생성신화로 구분한다면, 창조신이 주체가 되는 창조신화와 생명이 주체가 되는 생성신화는 창세의 본질이 서로 다른 것일까? 이제 창세신화에서 '생성'과 '창조'의 문제를 어떻게 해석해야 하는지를 논해보자. 창세신화의 창세신이 대지모신의 유형과 천신의 유형으로 나누어진다고 할 때, 대지모신의 창세신화는 거인의 몸이 '저절로' 변하는 생성 과정으로 표현되는 반면에 천신이 창세신으로 등장하는 경우에는 창세행위가 창조행위로 표현된다. 창세가에 전하는 미륵의 창세과정을 살펴보자.

하늘과 땅이 생길 때에

미륵님이 탄생하니,

하늘과 땅이 서로 붙어

떨어지지 아니하여

하늘은 가마솥의 뚜껑처럼 돋우고,

땅은 네 귀퉁이에 구리 기둥을 세웠네.

창세신 거인 미륵은 천지개벽 과정에서 기둥을 세우는 창조행위를 한다. 그뿐만 아니라 해와 달의 조정과 인간의 창조 등 창세의 전 과정에 적극적으로 개입한다. 그렇다면 미륵의 창세신화는 생성신화가 아닐까? 그렇지 않다. 이는 꽃피우기 내기에서 보듯 미륵의 창세신화에 담긴 세계관은 저절로 꽃피우는 생성의 세계관에 뿌리를 두고 있기 때문이다. 꽃피우는 과정에 개입하는 신은 꽃을 꺾어 훔친 석가일 뿐이다. 따라서 창세가의 창세원리는 창조신 미륵의 창조행위로 표현되어 있다 해도 저절로 꽃피우는 창세의 본질을 벗어나지 않는다.

그렇다면 왜 미륵의 창세과정은 대지모신의 신화와 달리 창세과정에 개입하는 창조행위로 표현되었을까? 그 차이는 천신이 대지 자체를 의인화한 신이 아니라 천을 의인화한 신이기 때문이다. 천신은 천과 천의 원리를 인격화한 신이다. 천의 원리란 생명의 근원원리로서, 생명의 생성원리를 의미한다. 따라서 미륵처럼 천신이 창세주체로 창세과정을 표현했을 경우, '생명의 생성원리에 따라 저절로 생성되었다'라는 의미를 '천신(생명의 생성원리)에 의해 세계가 창조되었다'로 표현할 수밖에 없다. 에덴의 창조신이 생명의 세계를 창세하는 과정 또한 다르지 않다.

에덴의 창조신이 '말씀'으로 세계를 창조한다고 했을 때, 말씀은 생명의 근원원리로서 생명의 생성원리를 의미한다. 그래서 에덴의 창조신이 '말씀'으로 세계를 창조했다는 이야기는 '생명의 생성원리'에 따라 세계가 생성되었다는 의미와 다르지 않다. 창조신의 말씀이 생명의 생성원리로서 자율적 생성원리를 의미한다고 볼 때, 말씀으로 창조하였다는 것은 창세가의 창조신 미륵이 잠든 사이에 '꽃(세계)이 저절로 피었다'라는 이야기와 서로 이어진다.

이렇듯 생성문명의 창세신화는 창세의 주체가 대지모신인가, 천신인가에 따라 창세과정이 생성과정으로 표현되거나, 창조과정으로 표현될 뿐,

생성문명의 세계관을 공유한 두 신화의 창세과정에 담긴 본질적 의미는 다르지 않다. 인류의 신화는 생명을 신성주체로 바라보는 생성신화와 정복권력을 신성의 주체로 바라보는 정복신화, 두 종류로 나뉜다. 따라서 신화에 내재한 세계관의 본질적차이는 생명을 신성의 주체로 바라보는 생성신화인가, 아니면 생명의 신성을 부정하고 정복권력이신성주권을 독점하는 정복신화인가에 있을 뿐, '창조'인가? '생성'인가? '창조론'인가 '진화론'인가라는 창세과정에 대한 비본질적 논쟁에 있지 않다.

황금시대의 인간

신화가 밝히고자 하는 것은 생명에 대한 비밀이다. 신화는 생명의 비밀을 신성을 통해 드러낸다. 창세신화가 신이 생명의 세계를 만든 이야기라 할 때, 여기에는 생명이 어떻게 만들어지는가에 대한 이야기를 담고 있다. 그래서 신화의 중심에 신성이 있지만, 신성의 본질을 규명하는 문제는 궁극적으로 생명의 본질을 묻는 것으로 귀결된다. 인류가 공유하는 창세신화의 세 가지 중심 상징 또한모두 생명과 생명의 생성원리를 향하고 있다. 거인이 생명을 상징한다면, 뱀과 혼돈은 모두 생명의

생성원리를 상징한다. 그리고 이 세 가지 중심 상
징을 중심으로 생성신화와 정복신화로 나누어
진다는 것은 신화의 본질이 생명을 바라보는 관점
에 있음을 말하고 있다.

　생성신화가 생명을 신성주체로 바라보는 이
유는 생명이 이원적 생성원리로 자율적으로 생성
하기 때문이며, 정복신화가 생명의 신성을 부정하
는 이유 또한 생명의 생성원리인 이원적 생성원리
가 혼돈하기 때문이다. 이처럼 뱀과 혼돈이 상징하
는 생명의 이원적 생성원리는 양 신화에서 모두 생
명의 신성을 긍정하는 이유가 되기도 하고, 부정의
명분이 되기도 한다. 정복신화는 생명의 신성을 파
괴하기 위해 생명의 이원적 생성원리를 이분화시
킨다. 그리고 생명의 신성에 대한 파괴는 또 하나
의 중요한 과정을 통해 이루어진다. 바로 생명과
생명의 모체로서 천의 분리다.

　이제 선악과를 중심으로 살펴본 이분화 과정
에 이어 생명과 생명의 모체인 천과의 분리 과정을
살펴보고자 한다. 창조신은 천의 신성을 의인화한
신이다. 그래서 창조신과 생명의 관계는 천과 생명
의 관계를 말한다. 생명의 모체로서 천과 생명이
분리될 수 없듯, 창조신과 인간은 분리될 수 없는

한 몸의 관계다. 그래서 창조신의 뜻은 바로 생명과 한 몸을 이루며 살아가는 데 있다. 그런데 창조신은 선악과를 먹은 인간을 에덴동산에서 추방한다. 인간이 추방되는 과정은 창조신과 인간이 분리되는 과정이기도 하다.

신통기의 저자 헤시오도스는 『일과 날』에서 크로노스를 불사의 신과 필멸의 인간 모두를 풍요롭게 하는 황금시대의 통치자로 해석했다. 생성문명에서 시간의 신은 재생의 신이자 생명을 생성시키는 천의 신성과 동일하다고 할 때, 신과 인간을 모두 풍요롭게 한다는 의미는 천·지의 관계처럼 천의 신성과 인간이 분리될 수 없는 한 몸으로 존재함을 의미한다. 그래서 헤시오도스가 말한 천과 인간이 한 몸을 이루는 황금시대는 생명의 질서이자 창조질서 속에서 살아가는 에덴동산의 삶을 의미한다고 볼 수 있다. 신과 인간의 분리는 헤시오도스가 말했던 신과 한 몸을 이루며 살았던 황금시대의 종말을 의미한다.

신과 인간 모두를 풍요롭게 하던 황금시대의 종말은 서로 한 몸을 이루던 신과 인간 모두 신성을 상실하게 됨을 말한다. 선악과를 먹은 인간을 향해 신이 분노하는 이유가 여기에 있다. 창조신의 신성은 생명과 한 몸을 이루는 속에서 유지될 수 있기에, 생명과 분리된 천신 또한 신성의 기반을 상실하기 때문이다. 천신으로서 창조신과 인간의 관계는 모체와 자체의 관계를 이룬다. 그래서 천과 인간의 관계를 의인화하면 모자의 관계를 이루기에, 천신과 인간의 분리는 어머니와 자식의 분리를 의미한다. 따라서 창조신은 결코 낙원 추방으로 상징되는 신과 인간의 분리를 원치 않는다. 그래서 신이 인간을 추방했다기보다 창조신 또한 상실의 슬픔 속에 빠져들었다고 표현하는 것이 보다 진실에 가깝다.

초월신은 누구인가

생성문명의 세계관은 세계를 생성하는 생명체로 바라보는 생명의 세계관으로서, 천을 생명의 모체로 바라보는 천지의 세계관으로 이어지며, 천의 신성을 신성하게 여기는 문화로 승계된다. 천의 신성을 승계한 창조신 또한 문명의 역사 속에서 인류와 함께해왔다. 그러나 가부장문명의 역사 속에서 창조신은 정복권력의 신성 가면을 쓰고 있다. 그 가면의 신성은 정복권력의 신성인 선악이분법적 신성뿐만 아니라, 다양한 가면을 쓰고 있고 그

중 하나가 천의 신성과 인간을 분리시키는 초월신
성이다. 초월신성이란 개념에서 초월의 의미는 현
실에서 벗어난 초월세계를 의미한다. 현실이란 생
명이 살아가는 생명계를 의미한다. 따라서 초월신
성이란 생명이 살아가는 현실 세계를 벗어난 초월
세계의 신성을 의미한다. 초월신성이란 개념은 어
디서 비롯하는 것일까?

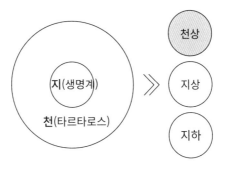

　　위의 그림은 천의 신성이 생명과 분리되는 과
정에서 천상의 세계가 만들어지는 과정을 보여
준다. 새로 탄생한 천상의 세계에 사는 신들이 초
월신성으로, 바로 제우스와 올림포스 신족을 의미
한다. 천의 신성으로부터 분리된 지상의 인간과 새
로 탄생한 천상의 신들 사이에는 위계적 경계가 만
들어지고, 경계를 넘보는 인간은 교만한 인간으로
저주의 대상이 된다. 정복신화가 가장 중요시하는

신성의 질서가 신과 인간의 위계적 경계를 지키는 데 있는 이유는 경계를 만든 신이 바로 천상의 세계에 존재하는 초월신성이기 때문이다. 이렇듯 천상의 세계에 거하는 초월신은 천의 신성을 파괴한 신성이자, 생명과 천의 신성을 분리시킨 정복권력의 신성을 의미한다. 그래서 창조신의 신성은 초월신성일 수 없다. 왜냐하면 천의 신성을 인격화한 창조신은 생명과 한 몸으로 존재하는 신성이기 때문이다.

초월신은 생명의 세계를 초월한 관념 세계에 존재하는 신으로서, 정복권력이 만든 인위적 신이다. 창조신의 소망은 정복권력이 분리시킨 창조신(천신)과 인간의 관계를 다시 회복하여 인간과 한 몸을 이루고자 함에 있다. 그래서 정복권력의 초월신성이 지배하는 가부장문명 속에서 창조신(천신)의 소망은 신성을 회복하고자 하는 인간의 소망과 하나로 만난다.

창조신이 쓴 세 번째 가면

창조신은 정복권력의 신성 가면을 쓰고 있다. 첫 번째 가면이 선악이분법의 신성이며, 두 번째 가면이 천의 신성과 인간을 분리시킨 초월신성이

334

라면 마지막 세 번째 가면은 바로 유일신성이다. 창조신은 생성문명의 신성인 천신으로 종교문화의 보편적 신성이다. 그러나 천신이 유일신 신앙 형태로 변화하는 과정은 다른 문제다. 인류의 종교문화에서 천의 신성이 천신 신앙으로 승계된다면, 대지모신의 신성은 다신 신앙으로 승계된다. 두 신성의 유형이 다름에도 두 신성은 모두 생명을 신성 주체로 바라보는 생성문명의 신성을 승계한다. 그렇다면 두 신성은 어떤 관계를 이루고 있을까?

생명의 근원원리이자 천의 신성을 상징하는 뱀 상징을 복희·여와가 공유하고 있다는 것은 지구 생명계에 참여하는 모든 생명체가 천의 신성을 공유한다는 것을 의미한다. 이렇듯 천의 신성은 공유의 신성으로 모든 생명이 신성의 주체가 되는 다신 신앙과 만난다. 인류의 종교문화에서 천신 신앙과 다신 신앙이 서로 모순되지 않는 이유는 생명이 공유하는 천의 신성이 모든 생명체의 신성을 뒷받침하기 때문이다. 이처럼 생성문명의 신성은 천신의 신성과 대지모신의 신성이 하나로 결합하여 신성을 완성한다.

생성문명의 세계관에 기반을 한 한국의 종교문화 또한 다신 신앙을 바탕으로 하면서도 창세가의 미륵처럼 천신이 함께 공존하는 이유가 여기에 있다. 그래서 한국문화에서는 생성문명의 두 신성인 천신을 승계한 문화와 대지모신의 신성을 승계한 문화는 대립하지 않고 공존한다. 천의 신성을 상징하는 환생꽃이 모든 생명체가 신성을 회복하는 거지잔치로 이어지듯, 천의 신성은 서로 다른 본성의 개별 생명체가 저마다 고유한 천의 시공간을 열 수 있도록 뒷받침한다. 이렇듯 생명이 공유하는 천의 신성은 모든 생명체의 신성을 뒷받침할 뿐, 생명체의 신성을 독점하지도 명목적 유일성을 주장하지 않는다.

유일신과 공유의 신

이제 유일신성이 정복신화에서 어떤 과정을 거쳐 만들어졌는지 살펴보자. 유일신성이 만들어지는 과정은 초월신성이 만들어지는 과정 속에서 이루어진다. 천상의 초월신은 생명의 신성을 독점하고 이 과정에서 신성을 절대화한다. 이렇듯 생명의 신성을 독점한 초월신성이 절대화되는 과정에서 유일신성이 만들어진다. 그래서 유일신성의 본질은 천상의 초월신성에 담긴 배타적이며 자기중심적 신성에 있다. 그리고 절대화된 유일신성은 정복권력의 위계질서를 절대화하는 역할을 수행했다.

　정복신화권에서는 창조신에 대한 신앙이 유일신 종교문화로 발전한다. 정복신화의 신성인 유일신성이 창조신의 신성으로 가면이 씌워지는 과정은 창조신의 신성이 가부장권력의 질서에 부합된 신성으로 변질되는 과정이기도 하다. 문명의 역사 속에서 배타적 유일신성은 선악이분법적 신성과 결합하여 이방의 신성을 악의 신성으로 지목함으로 인류의 신성을 파괴하는 한편, 인류의 신성을 독점하고자 하였다.

　이렇듯 유일신성은 이분법적 신성, 초월신성과 함께 인류의 문명사에서 정복권력의 정치적 목적에 따라 만들어진 인위적인 신성으로서 위상을 가진다. 그래서 신성의 역사는 생성문명의 신성을 승계한 천신 신앙과 다신 신앙이 대립하는 것이 아니라, 생명을 신성주체로 여기는 생성문명의 신성과 생명의 신성을 부정하는 정복권력의 신성이 대립한다. 이렇듯 인간의 신성을 부정하는 가면의 신성 속에서 인류의 오랜 꿈은 가면에 감추어진 천의 신성을 향한 구원의 소망과 만난다.

'사랑'의 본질은 무엇인가

종교의 중심에 '구원'이 있다. 구원을 소망한다는 것은 인류가 천의 신성과 한 몸을 이루었던 황금시대에 대한 기억을 간직하고 있다는 것을 의미하며, 신성이 부정당한 고통스런 차별의 역사 속에서 신성을 회복하고자 하는 염원을 포기할 수 없음을 의미한다. 구원의 소망은 인간의 소망이자 동시에 인간과 분리됨으로 신성을 부정당한 창조신의 소망이기도 하다. 그래서 구원의 본질은 서로 분리된 천과 인간의 만남으로, 다시 한 몸을 이루는 데 있다. 한국문화에서 미륵신이 저절로 꽃피우는 생명의 신성이 부정당한 세계를 구원하는 미래의 신으로 자리하듯, 창조신 또한 선악과를 먹고 낙원에서 멀어진 타락한 인류를 구원할 미래의 신으로 인류와 함께한다. 그러나 구원의 역사가 이루어지는 구체적 과정은 서로 다르다.

기독교문화에서는 구원자로서 천신의 역할을 대리할 또 다른 신성이 있다. 바로 메시아다. 그래서 창조신은 메시아를 통해 구원의 길을 제시한다. 기독교에서 바라보는 메시아는 예수다. 그럼 예수는 타락으로 병든 현실을 살아가는 인간에게 어떻게 구원의 길을 열고자 하였을까? 예수는 정복신

338

화의 이분법적 신성원리와 정반대되는 삶과 가르침을 남겼다. 예수는 전 생애를 통해 '사랑'을 실천하는 삶을 살았다. 예수의 사랑은 이웃에서 이방인으로 확장되고, 궁극적으로 원수를 사랑하라는 메시지로 완성된다.

예수가 살던 당대의 로마제국은 정복권력이 지배하는 새로운 질서의 세계다. 새로운 질서의 세계란 이분법적 정복원리에 기반을 둔 세계임을 의미한다. 따라서 선악으로 이분화된 세계에서 원수를 사랑하라는 메시지는 윤리적 관용을 넘어서 세계의 근본 질서를 뒤흔든다. 원수를 정복하고 이방인의 황금을 소유하는 것이 정복권력의 신성원리이기에, 원수를 사랑하라는 메시지는 이분법적 세계관과 양립할 수 없는 가르침이기 때문이다. 예수의 사랑이 인류에게 울림을 주는 이유는 사랑의 본질이 인류의 근원적 꿈과 닿아있기 때문이다. 그렇다면 그 꿈은 무엇을 의미할까? 바로 가이아문명에서 타르타로스와 함께 창세질서의 한 축을 이루는 **에로스**다.

창조신이 원하는 생명계의 질서는 창조신이 창조한 창조질서의 회복이다. 에덴의 창조신이 가이아문명의 타르타로스에 담긴 천의 신성을 승계하였다면, 창조신의 창조질서는 모든 생명체가 동등한 신성주체로서 서로 관계 맺음을 통해 자율적 생성질서를 구현하는 에로스의 신성에 담겨 있다. 선악과로 상징되는 이분법적 세계관은 에로스의 질서를 정복의 질서로 변질시켰고, 정복신화는 가이아문명의 에로스를 남녀 간의 사랑으로 한정하고 그 사랑 또한 남성의 욕망 대상이자 소유대상으로 바라보는 정복권력의 신성질서로 대체하였다. 그래서 구원자 예수의 임무는 창조신의 뜻에 따라 소유의 질서로 변질된 에로스의 신성을 회복하는 데 있다. 그것은 예수의 꿈이자 당대 민중의 꿈이기도 하다. 가이아문명의 신성원리인 에로스는 '인간과 인간의 사랑'을 넘어 생명의 상생질서를 의미한다.

그래서 예수의 사랑은 특정 종교의 메시지가 아닌 모든 생명체를 동등한 신성주체로 바라보고, 본성에 따라 자율적인 관계 맺음을 통해 구현되는 '상생의 질서'를 염원하는 보편적 종교의 본질이기도 하다. 예수의 삶 자체가 무한히 확장되는 사랑의 실천에 있다는 것은 예수가 꿈꾼 세계의 질서가 상생의 질서인 에로스가 구현된 세계임을 말한다. 그래서 예수가 살아낸 사랑의 삶은 에로스를 회복

340

하고자 하는 예수의 실천으로 볼 수 있다. 그러나 예수의 사랑은 개인의 행적에 머물 뿐, 예수가 약속한 에로스의 세계는 실현되지 못하고 예수는 죽음의 길을 걷는다. 왜 예수는 구원을 완성하지 못한 채 죽음의 세계로 떠나야만 했을까?

예수는 왜 죽음의 길을 선택했을까

예수와 바리는 병든 세계를 구원하는 치유의 신성을 공유한다. 예수가 만난 이방인과 병든 인간은 바리와 오늘이가 향하는 서천 길에서 만난 상처받은 인간의 모습과 다르지 않다. 버림받은 바리가 서천으로 떠나는 여정에서 만난 원혼이 오구왕국에서 버림받은 병든 인간이듯, 예수가 만난 보편적 인간인 이웃은 낙원에서 추방당한 이방인일 수밖에 없다. 바리와 예수가 바라본 세계는 모두 병든 세계이기에 바리와 예수는 치유자로서 구원자의 위상을 공유한다. 그렇다면 바리와 예수는 궁극적으로 어떻게 병든 세계를 구원할 수 있을까?

구원의 세계는 창세신의 창세질서가 회복된 세계를 의미한다. 그렇다면 창세질서의 회복은 어떻게 가능할까? 생성문명의 창세질서는 생명의 근원원리와 생명계의 질서원리로 구성되어 있고, 가이아문명의 창세질서 또한 생명의 근원원리인 '타르타로스'와 생명계의 질서원리인 '에로스'라는 두 축으로 구성되어 있다. 정복권력은 타르타로스를 파괴함으로써 에로스의 관계질서를 정복의 질서로 변질시켰다. 그렇기에 타락의 질서를 창조의 질서로 회복하고자 한 예수의 삶은 한계에 봉착할 수밖에 없다. 왜냐하면 에로스의 회복 문제는 에로스만의 문제가 아닌 생명의 근원원리를 회복해야만 가능하기 때문이다. 이 문제는 예수가 왜 죽음의 길을 선택하였는가의 문제와 이어진다.

왜 예수는 당대 민중들이 기대했던 혁명가로서의 길 대신 스스로 십자가의 길을 선택했을까? 예수가 십자가의 길을 선택한 의미는 바리가 서천으로 향하는 의미와 겹쳐진다. 바리는 병든 오구왕국을 구원하기 위해 왜 죽음의 세계인 서천으로 향할까? 바리의 궁극적 목적은 병든 세상을 구원하는 것이며, 병든 세상의 구원은 창세질서인 에로스의 신성을 회복하는 것이다. 그러나 에로스의 실현은 생명의 근원원리인 천의 신성을 바탕으로 구현되기에, 먼저 단절된 생명과 천의 관계를 회복해야만 가능한 꿈이다. 이는 예수가 지상에서 실현하고자 했던 에로스 또한 궁극적으로 천과 인간의 관계를 회복해야만 가능함을 의미한다.

바리가 서천으로 향하는 여정이 천과 오구왕
국의 관계를 회복시키는 중재자로서 역할을 하기
위함에 있듯, 예수 또한 병든 세상과 천의 신성을
잇는 중재자의 역할을 한다. 그래서 바리가 생명의
근원원리이자 천의 원리인 환생꽃을 구하기 위해
서천으로 향하듯, 예수 또한 죽음의 세계이자 재생
의 세계인 천으로 향한다. 바리가 서천으로 향하는
것과 예수가 스스로 죽음의 길을 택한 것이 다르지
않은 것처럼, 바리가 서천에서 환생꽃을 구하는 과
정과 예수가 죽음의 세계(서천)에서 부활하는 신화
적 의미 또한 다르지 않다.

부활과 환생꽃

구원자 예수는 자신을 스스로 어떻게 바라보
았을까? 예수는 자신을 생명이라 하였다. 예수의
고백은 예수가 생명의 신성인 가이아의 신성을 승
계하고 있음을 보여줌과 동시에 가부장문명에서
구원자의 신성은 생명의 신성일 수밖에 없음을 증
언한다. 그렇다면 예수가 생각한 생명의 본질은 무
엇일까? 예수의 신성을 증언하는 가장 핵심적 사
건은 바로 예수의 '부활'이다. 그런데 부활이란 무

엇을 상징할까? 부활이란 생명이 죽음에서 재생하는 것을 의미한다. 부활에 담긴 생명의 재생원리는 생성문명이 바라보는 생명의 근원원리에 닿아 있다. 『예수는 신화다』(티모시프리크·피터갠디, 송영조 옮김, 미지북스)에서는 죽어서 부활한 신인(神人)은 고대 지중해 연안과 소아시아 여러 민족의 신화에 널리 퍼진 신인상이었음을 밝히고 있다. '부활'은 인류가 공유했던 뱀 상징과 '우로보로스'에 담긴 재생원리와 이어진다. 예수의 부활이 예수의 신성을 입증한다는 의미는 생명의 신성원리가 바로 재생원리임을 말한다. 예수가 생명의 신이란 고백으로 자신의 신성이 생명의 신성을 승계함을 선언하였고, 부활을 통해 생명의 근원원리가 생명의 재생원리에 있음을 증언한다. 동시에 예수의 부활은 생명의 근원원리가 삶과 죽음이 분리되는 이분법적 세계관에 있는 것이 아니라, 삶과 죽음이 통합되는 이원적 생성원리에 있음을 밝힌다. 이렇듯 예수의 부활과 바리의 환생꽃은 동일한 신화적 상징성을 가진다.

예수신화는 어떻게 미래로 이어지는가

바리와 오늘이는 환생꽃과 사계절의 신성(천의

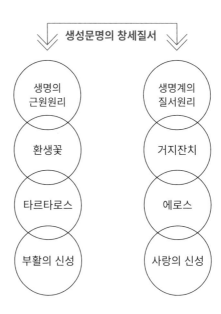

생성문명의 창세질서

생명의 근원원리	생명계의 질서원리
환생꽃	거지잔치
타르타로스	에로스
부활의 신성	사랑의 신성

신성)을 구함으로써, 천의 신성과 인간의 관계를 회복시키는 메시아의 역할을 수행한다. 그래서 바리와 오늘이의 구원 서사가 <병든 인간과의 만남과 구원의 약속–생명의 근원원리(환생꽃, 사계절의 지혜) 구하기–상생의 세계>의 순으로 구성되어 있다면, 예수의 구원 서사는 <병든 인간의 치유와 구원의 약속–생명의 근원원리(부활) 밝히기>순으로 구성된다. 예수의 생전 삶은 바리와 오늘이가 환생꽃과 사계절의 지혜를 구하러 가는 여정과 다르지 않다.

　　상처받은 인간을 만나 교감하고 구원을 약속

한 바리와 오늘이의 여정과 병든 인간을 치유하고
구원을 약속한 예수의 삶은 서로 닮았다. 그리고
무속신화가 약속을 실현하는 거지잔치로 이어져
구원의 서사를 완성한다면, 예수신화는 부활로 마
감하며 구원의 완성을 미래에 남겨 두었다. 두 신
화의 서사는 생명의 근원원리(부활과 환생꽃)를 구하
는 여정을 공유한다. 그리고 무속신화는 환생꽃을
구해 거지잔치를 엶으로써 구원의 완성을 보여주
는 반면 예수신화는 부활로서 지상에서 예수의 역
할은 마치고, 에로스의 완전한 실현을 미래에 남겨
두었다. 이렇듯 예수신화는 구원의 미완성으로 신
화의 서사를 미래의 세계로 확장한다.

예수의 신성을 어떻게 볼 것인가

인간 예수는 신성의 예수기도 하다. 그런데
인간이면서 동시에 신이 된다는 것은 특별한 사건
일까? 무속신화에서는 신성과 인간 사이에 경계가
없다. 바리와 오늘이 등 무속신화의 영웅들은 인간
이면서도 모두 신의 반열에 오른다. 그래서 생성문
명의 관점에서 바라본 예수의 신성은 예수에게만
특별히 부여된 것이 아니다. 생성문명에서 모든 인
간은 신성을 공유한다. 그래서 생명의 본성을 신성

346

으로 보는 생성문명의 관점에서 예수가 신성을 가진 존재로서 태어나 고난의 삶을 살았다는 이야기는 보편적 인간의 이야기로 해석할 수 있다.

예수가 인간의 몸으로 태어난 신성을 가진 존재라는 것이 특별한 예외가 되는 것은 예수가 살던 당대의 현실이 신성을 상실한 세계이기 때문이다. 그래서 문제의 본질은 인간과 신성을 구분하는 데 있는 것이 아니라, 왜 신성한 인간이 본성 그대로의 삶을 향유하지 못하고 신성을 상실한 채 고난의 삶을 살아야만 하는지, 그리고 잃어버린 자신의 신성을 어떻게 회복할 수 있는가에 있다. 그렇다면 예수라는 존재의 특별한 의미는 어디에 있을까? 예수는 바리와 함께 먼저 진리(생명의 근원원리)를 깨달은 자로서 인류에게 구원을 향한 진리가 무엇인지를 밝혀 천의 신성과 인간의 관계를 회복시키고자 하는 '**중재자**'이자, 병든 인간의 신성을 회복시켜 궁극적으로 현실 속에서 에로스의 상생세계를 구현하고자 하는 '**구원자**'로서 위상을 공유한다.

무엇에 대한 심판과 종말인가

선악이분법의 세계관에 바탕을 두는 정복신화권의 역사관은 선을 향해 나아가는 직선적 역사관이다. 직선적 역사관은 역사의 과정을 선과 악의 싸움에서 선의 승리가 확장하는 과정으로 보고, 자신의 역사관을 진보적 사관으로 부른다. 반면에 생성문명의 역사관은 <창세 세계 – 병든 세계 – 창세질서의 회복>이라는 역사관을 가진다. 이는 타락한 문명의 질서를 태초의 창세질서로 돌려놓고자 하는 원형 회귀의 사관으로, 정복신화의 직선적 역사관과 대비하여 순환적 역사관으로 부를 수 있다. 무속신화의 창세가에 담긴 역사관 또한 <미륵의 세계 – 꽃을 훔친 타락한 석가의 세계 – 미륵의 도래>로 이어지며, 창조신 미륵이 다시 구원의 신으로 등장해 창세질서를 회복하는 순환의 역사관이다. 그렇다면 기독교문화는 어떠한 역사관을 바탕으로 하고 있을까?

기독교의 역사관은 창조신화로 시작하여 종말신화로 매듭짓는 <에덴의 창조세계 – 타락한 세계 – 종말과 구원의 세계>순으로 이루어져 있다. 문명의 역사를 발전의 과정으로 바라보는 정복신화권의 직선적 사관에서 문명의 심판을 예견하는 종말신화는 없다. 왜냐하면 종말신화란 가부장문명의 역사를 타락이 심화되는 과정으로 보기 때문이다. 신화가 예언하는 심판과 종말은 어떤 세계의 심판이며 종말일까? 창조신화가 바라보는 종말은 타락한 세계의 종말이다. 타락한 세계란 선악과를 먹은 인간의 세계를 의미한다고 할 때, 종말은 세계 자체의 종말이 아니라 선악이분법적 문명의 종말을 의미한다. 선악이분법적 문명이란 생명의 신성을 부정하는 문명으로서, 생명의 신성을 황금으로 바꾼 **'물질문명'**이자 생명과 인간을 차별하는 **'가부장문명'**을 의미한다. 그렇다면 종말과 함께 다시 열리는 구원의 미래는 어떤 세계일까? 기독교의 종말신화에서 종말의 날은 생명신이 재림하는 날이다. 생명신의 재림으로 완성되는 구원의 세계는 신이 창조한 창조질서가 회복되는 날을 의미한다.

구원의 시간은 선악이분법적 문명의 종말을 의미함과 동시에 선악과를 먹기 전 최초의 시간, 즉 에덴의 시간과 만난다. 그래서 기독교의 역사관은 직선적 역사관이 아니라 종말의 마지막 순간이 태초의 시간으로 돌아가는 순환의 역사관이다. 그래서 종말이 곧 구원의 새날이 되며, 종말로 닫힌 문은 구원의 세계로 향하는 새로운 문이 된다. 종말의 역사관이 곧 구원의 역사관이 되며, 종말신화는 미래를 향해 열려 있다. 종교문화의 보편적 본

질이 구원의 역사관에 있고, 구원의 역사관이 생성
문명의 역사관에 뿌리를 두고 있듯이 기독교의 역
사관 또한 생성문명의 역사관을 공유한다고 볼 수
있다.

피안의 세계에 갇힌 창조신

가부장 문명을 살아가는 인류의 역사는 구원
의 세계를 소망하는 고된 여정이기도 하다. 구원의
소망은 실낙원, 즉 잃어버린 낙원을 향한 인류의
염원에 뿌리를 두고 있다. 그렇다면 낙원을 향한
인류의 소망은 가부장문명에서 어떻게 계승될 수
있었을까? 정복신화권에서 가이아문명의 신성인
창조신을 받아들이는 과정은 가이아문명의 신성
을 부정하는 정복권력과 가이아문명의 신성을 염
원하는 민중과의 대립에서 만들어진 타협의 과정
이기도 하다.

비록 정복권력이 생성문명의 신성을 부정하
는 새로운 신화를 만들었지만, 전통적인 생성문명
의 신성에 대한 민중의 믿음은 쉽게 사라지지 않고
수시로 권력의 질서를 위협했다. 그래서 정복권력
은 민중의 염원을 권력의 질서 내로 수용하는 방법
을 찾을 수밖에 없었다. 그 타협의 산물이 바로 신

성의 가면이다. 정복권력은 가이아문명의 신성을 받아들이는 조건으로 신성의 얼굴에 정복권력의 신성 가면을 만들어 씌웠다. 그 가면의 신성이 선악이분법의 신성과 초월신성이며 유일신성의 가면이다.

인류는 가면의 신성과 함께 살아오면서도 가면 속에 가려진 창조신의 신성을 기억했다. 기독교문화에 담긴 신성의 비밀은 이러한 역사적 맥락에서 이해할 수 있다. 이것이 기독교가 정복권력의 질서를 옹호하면서도 구원을 향한 민중의 염원을 수용할 수 있었던 방법이기도 했다. 이는 한국의 민중이 가부장 문명의 역사 속에서도 생성문명의 신성을 승계하는 과정과 본질적으로 다르지 않다. 그러나 가면의 신성을 통해 생명의 신성을 받아들인 타협은 현실의 권력 자체를 나누는 타협이 아니다.

정복권력은 창조신의 얼굴에 가면의 신성을 씌워 정복권력의 질서로 끌어들였고, 현실의 질서를 정복권력의 신성에게 내어준 인류는 가면 속 창조신의 신성을 통해 현실의 고통을 내세의 구원으로 보상받고자 하였다. 그래서 기독교문화에서 구원의 세계에 대한 염원은 현실 너머, 피안(彼岸)의 세계에 갇힌다. 그러나 이러한 관계는 종말과 구원의 서사 속에서 역전된다. 정복권력의 신성이 지배하는 가부장문명의 역사 속에서 피안의 세계에 갇혀 있던 창조신이 구원의 신성으로 미래의 현실을 꿈꾸기 때문이다. 현실에서 패배한 창조신은 피안의 세계에 갇혔지만, 그 피안의 세계는 꿈의 세계로 살아남아 미래를 향하고 있다.

신성의 분열과 분열의 역사

가면의 신성은 배타적 신성으로 분열의 신성이다. 이렇듯 정복권력이 분열시킨 신성의 역사가 현재 인류의 분열된 신성으로 이어지고 있다. 창조신은 선악이분법적 신성이자, 초월의 신성으로, 그리고 배타적 유일신성이라는 정복권력이 만든 신성의 가면을 쓰고 있지만, 가면을 벗긴 신성의 얼굴은 인류가 공유하는 천의 신성이며 생명의 신성이다. 기독교의 비밀은 기독교에 국한된 비밀이 아니다. 한국문화 속에서도 신은 자신의 얼굴을 가리고 있다. 가부장문명의 역사 속에서 한국인 또한 신성에 대한 기억을 잃어버린 지 오래되었기 때문이다.

그래서 종교문화가 공유하는 신성의 본질이

어디에 있는지 그 뿌리를 탐색하는 과정은 궁극적
으로 인류가 분열된 가면의 신성을 벗고 공유해야
할 미래의 신성을 찾는 여정의 첫걸음이기도 하다.
문화권마다 가면의 실체는 서로 다르며, 가면을 벗
은 신의 얼굴을 만나는 길 또한 서로 다를 수밖에
없다. 하지만 인류가 같은 하늘 아래 지구 생명계
에서 함께 살아가는 한, 가면에 가려진 신의 본 얼
굴은 서로 다를 수 없다.

신화의 미래, 미래의 신화

신화는 역사 속에서 자신을 스스로 실현한다.
그런 의미에서 신화의 역사는 지금도 이어지고
있다. 서로 다른 신성의 가면을 쓴 채, 분열의 언어
로 기록된 인류의 신화는 태초의 언어, 인류가 공
유하는 생명의 언어로 다시 쓰여야 한다. 구원의
세계는 관념의 피안이 아닌 생명이 살아가는 현실
의 역사 한 가운데서 펼쳐진다. 그래서 구원의 날
은 병든 인간이 잃어버린 천의 신성을 회복하여 새
로운 관계 맺음을 통해 만들어갈 또 다른 문명의
새날을 의미한다.

무속신화는 구원의 날을 '거지잔치'를 여는 날
로 제시한다. 잔치를 여는 날은 서로 다른 가면의

신들이 가면을 벗고 민얼굴로 만나는 날이기도 하다. 거지잔치가 열리는 날은 구원의 대상이 나누어지는 심판의 날이 아니라, 절망의 현실에서 구원의 소망을 간직한 땅 위의 모든 인간이 초대받는 공동체의 잔칫날이다. 여기에 미래를 열어 갈 한국 문화의 비밀이 담겨 있다.

지은이 **삼형제**

한국문화를 공부하는 동화작가입니다.
그림책 〈마법사가 된 토끼〉외, 동화책 〈그림숲의 호랑이〉외,
그림동화 〈내 마음을 안다고〉와 철학우화 〈쓸모없는 악어〉의 이야기를 꾸몄습니다.
한국문화 3부작을 구상하고 글을 쓴지 15년여 만에 첫 번째 책을 펴냅니다.

한국문화 삼부작 ❶

초대받은 인간

1판 1쇄 인쇄·발행 2020년 12월 1일
글쓴이 삼형제 **펴낸이** 윤영돈 **펴낸곳** 놀이하는 인간
기획 편집 이성기 **디자인** 함께내리는비 박은경 **제작** 야진북스
주소 서울시 구로구 디지털로31길 120, 104동 1406호 **전화** 02-3281-0501
팩스 02-6004-6242 **이메일** eledaddy@naver.com
ISBN 979-11-972406-0-7 (03150) **cip** 2020047422

〈놀이하는 인간〉은 동화전문 출판사 〈코끼리아저씨〉의 자회사로, 인문교양서를 출간합니다.
책소식도 듣고, 이야기도 남겨 주세요 http://blog.naver.com/koajji
잘못 만들어진 책은 구입하신 서점에서 교환해 드립니다.